Chinesisch kochen

Brigitte

中国食谱

Chinesisch kochen

Die beliebtesten Rezepte –
so gelingen sie leicht

Von Buh-Yu Grossmann

Ein Brigitte-Buch
im Mosaik Verlag

Fotos:
O. Möller (Titel und 69), H. Banderob (1),
B. Eidenmüller (1), W. Krüger (2), J. Schiemann (1).

Kalligraphie: Yubo Wang

Herausgeberin: Anne Volk
Lektorat: Marita Heinz
Gestaltung & DTP: Büro Dietmar Meyer
Redaktion: Burgunde Uhlig
Styling: Günther Meierdierks
Foodstyling: Anke Rabeler, Burgunde Uhlig
Produktion: Bernd Bartmann, Druckzentrale G + J
Lithographie: Bütehorn GmbH, Hannover
Druck: Mohndruck, Graphische Betriebe Gütersloh

Printed in Germany ISBN 3-576-10317-1

INHALT

中国食谱

Buh-Yu Großmann (geb. Wang) ist Chinesin und wurde in Taiwan geboren. Ihre Familie stammt ursprünglich aus dem Süden Chinas. Seit 1973 lebt sie in der Nähe von Stuttgart, inzwischen mit ihrem deutschen Ehemann und drei Söhnen. In ihrer schwäbischen Wahlheimat begann sie vor Jahren mit chinesischen Kochkursen und hatte großen Erfolg damit. Dabei erfuhr sie, welche chinesischen Rezepte in Deutschland besonders beliebt sind. Aus ihnen entstand dieses BRIGITTE-Buch.

王碧玉

CHINESISCH KOCHEN

In der Hitliste ausländischer Restaurants rangieren bei uns China-Restaurants unter den ersten fünf. Kein Wunder: Die chinesische Küche ist besonders abwechslungsreich und gesund. Und für die Gästebewirtung – auch zu Hause – ist sie ideal, denn alle Zutaten können perfekt vorbereitet werden. Das Kochen selbst geht dann sehr schnell.
BRIGITTE möchten Ihnen mit diesem Buch beweisen, daß Sie die beliebtesten chinesischen Gerichte problemlos selbst zubereiten können – ohne besondere Vorkenntnisse. Sie müssen dafür auch nicht gleich teure Spezialgeräte anschaffen: Alles gelingt mit Ihrer normalen Küchenausstattung. Wenn Sie dann auf den Geschmack gekommen sind und sich zum Beispiel einen Wok kaufen möchten: Wir zeigen Ihnen auf den nächsten Seiten, was praktisch ist. Auch mit den besonderen Zutaten machen wir Sie bekannt. Es gibt sie inzwischen in fast jedem guten Supermarkt (und natürlich in Chinaläden).
Zwar gibt es *die* chinesische Küche eigentlich gar nicht, sondern viele – sehr unterschiedliche – Regionalküchen. Eines aber haben alle chinesischen Gerichte gemeinsam: Die Zutaten werden sehr klein geschnitten und sind daher im Nu gar. So bleiben die meisten Vitamine erhalten. Zu allen Fleischgerichten dieses Buches empfehlen wir Ihnen Reis als Beilage. Bei den Vorspeisen und den vegetarischen Gerichten ist jeweils beim Rezept angegeben, was besonders gut dazu paßt. Salate spielen übrigens in der chinesischen Küche keine große Rolle. Es gibt sie eigentlich erst seit etwa 20 Jahren – seit die europäische und die amerikanische Küche die chinesische beeinflussen.
Wenn Sie Gäste chinesisch bewirten möchten, können Sie das natürlich mit einem chinesischen Fondue tun, dem „Feuertopf" (siehe Seiten 110 – 113) oder einer Peking-Ente (siehe Seite 94). Aber genauso stilecht ist es, wenn Sie mehrere verschiedene Gerichte zubereiten und dazu Reis servieren. Alles kommt in vielen flachen Schalen oder Platten auf den Tisch und wird möglichst warm gehalten. Übrigens werden Suppen in China nicht unbedingt als Einsteiger serviert. Man reicht sie zwischendurch oder sogar zum Abschluß des Essen (vor allem die köstliche Brühe des Feuertopfes!).
Chinesen essen mit Stäbchen und Schale: Sie geben Reis in ihr Schälchen, legen Gemüse und Fleisch darauf, halten das Schälchen mit der linken Hand und essen mit dem Stäbchen mit der rechten.
Wenn Ihnen das zu schwierig ist: Mit Messer und Gabel vom Teller schmeckt's genauso gut. Guten Appetit!

SPEZIELLE GERÄTE

Hier finden Sie in alphabetischer Reihenfolge einige Geräte, die typisch für die Zubereitung chinesischer Gerichte sind. Sie sind aber keinesfalls ein „Muß". Mit einer normalen Küchenausstattung läßt sich ebensogut chinesisch kochen.

Bambuskörbe
Preiswerter als ein Dampftopf (siehe rechts) ist die Anschaffung von Bambuskörben, in denen ebenfalls gedämpft wird. Die Bambuskörbe passen in größere Töpfe oder auch in den Wok, sofern er einen Deckel hat.

Chinesischer Dampftopf
In der chinesischen Küche wird häufig gedämpft. Wer also vorhat, viel chinesisch zu kochen, sollte sich überlegen, ob sich die Anschaffung eines Dampftopfes lohnt. Man gart darin schonend und fettarm. Der Dampftopf ist meist aus

Aluminium und hat bis zu fünf Etagen. Manchmal sind diese aus Bambus oder Korbgeflecht (nicht so gut zu reinigen). Man bekommt ihn in speziellen asiatischen Läden (Asia shops). Im unteren Metall-Topf wird Wasser aufgekocht, und durch den aufsteigenden Dampf garen die Gerichte in den oberen Etagen auf den durchlöcherten Dämpfeinsätzen. Ein guter Ersatz für den chinesischen Dampftopf ist ein Fisch-Dampftopf oder ein großer Topf mit einem Drahteinsatz. Wichtig ist, daß der Deckel gut schließt und daß der Topf groß genug ist, um einen Einsatz aufzunehmen.

Friteuse

In den Rezepten dieses Buches wird hin und wieder fritiert. Eine elektrische Friteuse ist dann zum Zubereiten der Gerichte praktisch. Die Fritiertemperatur kann genau auf das entsprechende Gargut eingestellt werden. Noch ein Vorteil: Friteusen, die heute im Fachhandel angeboten werden, besitzen alle einen Filter, der den unangenehmen Fettgeruch wegnimmt. Sie müssen sich aber keinesfalls eine Friteuse anschaffen, um unsere Rezepte nachkochen zu können. Eine große tiefe Pfanne oder ein hoher Topf eignet sich selbstverständlich auch. Wichtig ist, daß genug Platz im Topf ist, damit das Gargut von allen Seiten mit heißem Fett bedeckt ist und darin schwimmt.

Küchenbeil

Das chinesische Küchenbeil ist praktisch zum Schneiden, Klopfen und Zerhacken. Es wird in einer leichten und einer schweren Qualität angeboten: das leichte Beil zum Feinschneiden von Gemüse, das schwere für Fleisch. Man braucht etwas Übung, um damit richtig umgehen zu können. Ein großes scharfes Messer geht auch.

Reiskocher

Dieses Elektrogerät lohnt sich wirklich nur, wenn fast täglich Reis gekocht wird. Entwickelt wurde er eigentlich für die asiatischen Haushalte, die nur eine Gasflamme für den Wok zur Verfügung haben.

Wok mit direktem Stromanschluß

Wok (ø 35 cm) aus Edelstahl mit glattem Boden

Kleiner Wok (ø 28 cm) aus Email mit Glaskeramik-Oberfläche

Wok

Er ist wohl das wichtigste Gerät in der chinesischen Küche. Mittlerweile ist die Auswahl in jedem guten Haushaltsfachgeschäft groß. Ob Sie Gußeisen, Edelstahl, Email oder Aluminium nehmen, ist eine Frage des Geldbeutels. Wichtig ist, daß der Wok für den Elektroherd einen glatten Boden hat, damit er auf unseren Kochplatten fest aufliegt. Wer mit Gas kocht, kann sich auch nach einem typisch chinesischen Wok umschauen. Solche Woks sind meist aus Aluminium und haben einen runden Boden, so daß die Gasflamme ringsherum am Wokrand hochschlagen kann und den Topf ganz und gar erhitzt (so kann auch an den Seiten mit großer Hitze gebraten oder gedünstet werden). Praktisch ist ein Wok mit direktem Stromanschluß. Auch hier wird der Wok ringsherum erhitzt, also auch an den Wänden. Noch ein Vorteil: Man kann ihn auf den Tisch stellen und so in geselliger Runde das chinesische Essen zubereiten. Meist gehört zur Wokausstattung ein Drahtgitter zum Ablegen bereits angedünsteter Zutaten und ein Deckel. Ersatz für den Wok ist immer eine große Pfanne.

Typisch chinesischer Wok mit rundem Boden für die Gasflamme

CHINESISCHE ZUTATEN VON A BIS Z

Die meisten Zutaten für die Rezepte dieses Buches finden Sie in jedem gut sortierten Supermarkt oder in den Lebensmittelabteilungen großer Kaufhäuser. Vielleicht haben Sie in Ihrer Nähe auch einen speziellen asiatischen Supermarkt. Dort finden Sie garantiert alles, was Sie brauchen. Außerdem macht dort das Einkaufen noch mehr Spaß. Hier geben wir Ihnen einen kleinen Überblick über alle besonderen Zutaten, die Sie zum Nachkochen der Rezepte benötigen. In der Klammer steht, wo Sie die Zutat bekommen.

Barbecue-Soße
Diese Soße wird aus Kokosnuß, Chili, Sesam, Zwiebeln, Öl, Knoblauch, Garnelen und Brassen hergestellt. Man braucht sie in der chinesischen Küche vor allen Dingen zum Abrunden von Rindfleischgerichten und für den Feuertopf. (Chinesischer Supermarkt)

Bambussprossen,
ein zartes vielseitiges Gemüse, das aus einer bestimmten Bambusart hergestellt wird. Nur das Innere der Schößlinge (so werden sie auch genannt) wird verwendet. Die knackigen, im Geschmack eher neutralen Bambussprossen werden bei uns nur in Dosen angeboten. (Supermarkt, Kaufhaus)

Chilischoten
Hier gilt: je kleiner, desto schärfer! Ob rot oder grün ist eine Frage der Reife. Die beißende Schärfe sitzt im Inneren der Schoten, in den Kernen und Trennwänden. Beim Umgang mit Chilischoten ist es ratsam, Gummihandschuhe anzuziehen, da die in den Schoten enthaltenen ätherischen Öle die Haut angreifen. Falls Sie keine frischen Chilischoten bekommen, nehmen Sie getrocknete. Die finden Sie im Gewürzregal, manchmal unter der Bezeichnung „Piri Piri". (Supermarkt, Gemüsehändler)

Glasnudeln,
aus getrocknetem Mungobohnenmehl und Wasser hergestellte sehr feine Nudeln. Werden vor Gebrauch eingeweicht und bekommen dadurch ein glasiges Aussehen. Sie sind geschmacksneutral, nehmen aber gut Gewürze und Aromen auf. Glasnudeln lassen sich am besten mit einer Küchenschere portionieren. (Supermarkt, Kaufhaus)

Glutamat,
auch Ve-Tsin genannt, ist das geruchlose Salz einer Aminosäure (Glutaminsäure). Das weiße, körnige Pulver findet

in der chinesischen Küche Verwendung als Geschmacksverstärker. Bitte immer nur in sehr kleinen Mengen verwenden. Empfindliche Menschen reagieren auf Glutamat mit Kopfschmerzen, Schwächegefühlen und Allergien. Ärzte sprechen auch vom „China-Restaurant-Syndrom". Aber Glutamat ist kein „Muß" in der chinesischen Küche, es kann getrost weggelassen werden. (Supermarkt, Kaufhaus; Gewürzregal)

Hoisin-Soße
ist auch unter dem Namen Peking-Soße bekannt. Sie wird aus roten Sojabohnen, Knoblauch und anderen Gewürzen zubereitet. Die pastenartige Soße ist sehr scharf und wird beim Feuertopf, bei der Peking-Ente u. ä. und bei Lebergerichten gebraucht. (Chinesischer Supermarkt)

Ingwer
So muß frischer Ingwer aussehen: knackig und saftig. Die frischen Wurzelknollen bekommt man in gut sortierten

Gemüsegeschäften und im Supermarkt. Schrumpelige Knollen sollten Sie liegen lassen. Ihnen ist allenfalls mit Hilfe einer Knoblauchpresse noch etwas Saft abzugewinnen. Getrockneter, gemahlener Ingwer ersetzt im Notfall die Würze von frischem Ingwer. Ingwer ist übrigens für salzige und süße Speisen gleichermaßen gut geeignet. In den Rezepten dieses Buches ist Ingwer immer in Zentimetern angegeben. Wir gehen dann von fingerdicken Stücken aus. Wenn Sie also eine dickere Ingwerwurzel haben, schneiden Sie bitte entsprechend weniger ab. (Supermarkt, Gemüsehändler)

Lychees,
bekannt geworden als Nachtisch im China-Restaurant. Die etwa kirschgroßen Früchte kann man mittlerweile auch frisch bei uns kaufen. Die rubbelige harte Haut umschließt einen süßen und saftigen Fruchtkern mit rosenähnlichem Aroma. Auch die Dosenfrüchte haben den typischen Geschmack nicht verloren und sind gut geeignet für einen schnellen Nachtisch oder als Zutat im Obstsalat. (Supermarkt, Kaufhaus)

Mu-Err-Pilze
werden in China wegen ihrer Form auch Wolkenohren genannt oder Baumpilze, weil sie an Baumstämmen wachsen. Mu-Err werden nur getrocknet bei uns angeboten und müssen in warmem oder heißem Wasser eingeweicht werden. Die harten Stengelansätze sind unbrauchbar. (Supermarkt, Kaufhaus, chinesischer Supermarkt)

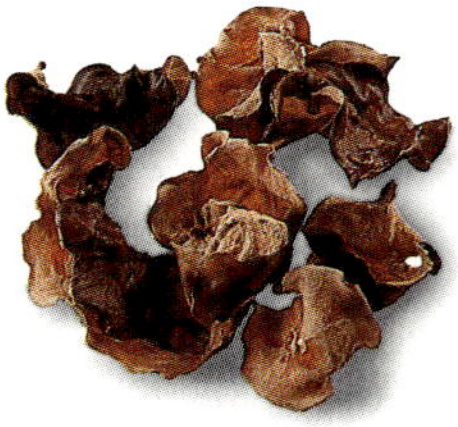

Reis
Zu chinesischen Gerichten wird meistens spitzer Langkornreis oder chinesischer Reis serviert. Den spitzen Langkornreis bekommen Sie überall. Der chinesische Reis dagegen ist fast nur in chinesischen Supermärkten zu finden. Er läßt sich leicht durch den bei uns bekannten Milchreis (Rundkornreis) ersetzen. Außerdem kennt man in China noch Klebreis. Er wird zu Füllungen gebraucht, selten als Beilage serviert.

Reisnudeln
werden aus Reismehl und Wasser hergestellt und ebenso wie Glasnudeln vor Gebrauch eingeweicht. (Kaufhaus, chinesischer Supermarkt)

Sakewein,
ein alkoholisches Getränk aus Reis, daher auch Reiswein genannt. Er hat etwa 15 Vol. % und wird in der chinesischen Küche hauptsächlich zum Kochen verwendet. Sake hat einen leicht sherryähnlichen Geschmack und wird in unterschiedlichen Preislagen angeboten. Zum Kochen und Abschmecken muß es kein teurer sein. Wenn Sie ihn als Getränk servieren wollen, sollten Sie lieber nicht den billigsten nehmen. Als Getränk zum Essen wird Sake leicht angewärmt in kleinen Schälchen serviert. (Kaufhaus, Getränkefachhandel, chinesischer Supermarkt)

Sambal oelek
ist eine aus Pfefferschoten zubereitete Gewürzpaste, die in der chinesischen und besonders oft auch in der indonesischen Küche gebraucht wird. Die Paste enthält außer Pfefferschoten noch Salz, Säureregulator und Konservierungsstoffe. Beim Würzen bitte sparsam verwenden. Sambal oelek steht in China-Restaurants häufig auf dem Tisch, damit sich der Gast seine Speisen selbst scharf abschmecken kann. (Supermarkt, Kaufhaus)

Schwarzbohnen, fermentierte,
sind in Salz und Ingwer eingelegte ganze Sojabohnen. Sie werden in Dosen oder vakuumverpackt angeboten. Schwarzbohnen müssen immer vor Gebrauch auf einem Sieb (siehe Foto Seite 127) abgespült werden. (Chinesischer Supermarkt)

Sesamöl,

ein aus Sesamsaat gewonnenes Öl mit sehr kräftigem Aroma. Es wird nur zum Abschmecken, niemals zum Braten verwendet und in kleinen Flaschen angeboten. (Kaufhaus, chinesischer Supermarkt)

Szetschuan-Pfeffer

Das Aroma der rotbraunen Pfefferkörner ist sehr viel ausgeprägter als das von weißem oder schwarzem Pfeffer. Dafür ist Szetschuan-Pfeffer nicht ganz so scharf. Zum Teil wird er mit seinen Hülsen angeboten. (Chinesischer Supermarkt, Kaufhaus)

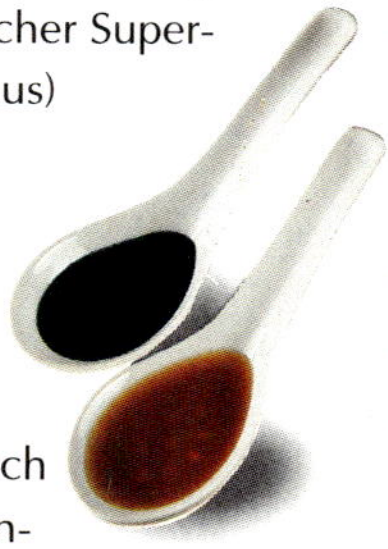

Sojasoße

ist wohl die wichtigste Zutat, um typisch chinesisch kochen zu können. Die salzige Würzsoße wird aus vergorenen Mungobohnen gewonnen und ist in unterschiedlichen Qualitäten zu haben. Helle Sojasoße paßt zu fast allen chinesischen Gerichten. Die dunkle ist mit Zuckercouleur gefärbt und etwas kräftiger im Geschmack. Dunkle Sojasoße gibt es auch in gesüßter Form (meist für indonesische Gerichte). Sie eignet sich besonders gut für alle gebratenen Fleischgerichte. Wer viel chinesisch kocht, sollte nach Sojasoße in großen Flaschen (0.7 bis 1 l) Ausschau halten. Sie sind preiswerter als die kleinen Flaschen und fast immer direkt aus China importiert. Wenn in den Rezepten dieses Buches nichts anderes angegeben ist, ist immer helle Sojasoße gemeint. (Supermarkt, Kaufhaus)

Sojasprossen

werden mittlerweile fast überall frisch angeboten. Die weißen Sprossen mit den hellgelben bis hellgrünen Köpfen werden aus Sojabohnen (dann etwas dicker) oder Mungobohnen (etwas zarter) gezogen. Man kann sie in sogenannten Keimboxen in zwei bis drei Tagen selber ziehen. Will man die Sprossen roh verwenden, immer vorher zwei Minuten in kochendem Wasser blanchieren (siehe Seite 72). Werden sie mitgekocht, reicht Abspülen unter fließend kaltem Wasser. Sojasprossen bekommt man auch in der Dose. Sie sind aber nicht so knackig wie frische. (Gemüsehändler, Kaufhaus)

Teigblätter für Wan Tan

Diese dünnen Teigblätter sind aus Weizen, Wasser und Ei hergestellt. Sie werden tiefgefroren angeboten. (Chinesischer Supermarkt oder Rezept siehe Seite 22)

Teighüllen für Frühlingsrollen

werden ohne Zugabe von Ei hergestellt und sind auch tiefgekühlt in Spezialgeschäften zu haben (auf dem Foto Seite 15 oben). Eine gute Alternative bieten die getrockneten Reispapierhüllen (auf dem Foto Seite 15 unten). Sie müssen vor dem Gebrauch eingeweicht werden. Da die dünnen Hüllen leicht reißen, ist es angebracht, immer zwei Blätter übereinander zu legen. (Chinesischer Supermarkt, Kaufhaus oder Rezept siehe Seite 43)

Tofu
heißt auch Bohnenquark. Er wird aus getrockneten und pürierten Sojabohnen gewonnen und ist von ganz frisch bis gereift zu haben. Seine Konsistenz gleicht festem Quark. Tofu wird immer öfter frisch in Naturkostläden oder Reformhäusern angeboten. Man kann ihn aber auch vakuumverpackt oder in Gläsern kaufen. Abgebildet sind hier zwei Sorten: ganz frischer Tofu – er ist fast geschmacksneutral – und „geräucherter“, der bei herzhaften Gerichten gern verwendet wird. Dabei handelt es sich häufig allerdings gar nicht um geräucherten Tofu, sondern um Tofu, der in süßer Sojasoße gekocht wurde. Tofu ist reich an Eiweiß und wird deshalb oft als Fleischersatz in der vegetarischen Küche eingesetzt. (Reformhaus, Supermarkt)

Tung-ku-Pilze
gibt's ebenso wie Mu-Err bei uns nur getrocknet. Auch sie müssen in warmem oder heißem Wasser eingeweicht werden. Man verwendet nur die großen Kappen, die Stiele sind hart und ungenießbar. Manchmal findet man Tung Ku auch unter der japanischen Bezeichnung Shitake. (Kaufhaus, chinesischer Supermarkt)

Wasserkastanien
haben nur das Aussehen mit unseren Kastanien gemein. Die Knollen einer Wasserpflanze werden bei uns nur geschält in Dosen angeboten. Sie sind knackig in der Konsistenz und ziemlich geschmacksneutral. (Chinesischer Supermarkt, Kaufhaus)

Fleischklößchensuppe (oben links), Tomaten-Eierblumen-Suppe (oben rechts, beide Rezepte Seite 19) und Champignonsuppe (unten, Rezept Seite 20)

湯

SUPPEN

FLEISCHBRÜHE

Grundrezept für etwa 2,5 Liter
500 g Rindfleisch zum Kochen (z.B. Querrippe, Ochsenbein),
500 g Rinderknochen
oder: 1 Suppenhuhn,
1 kleine Porreestange,
1 mittelgroße Möhre,
1 Zwiebel,
1/4 Sellerieknolle (etwa 200 g),
je 1 Teel. Salz und Pfefferkörner,
1 Bund Petersilie,
1 Stück frischer Ingwer
(etwa 2 cm).

濃湯

- Fleisch und Knochen abspülen und in einen großen Topf geben.
- Das Suppengrün putzen, abspülen und in gleich große Stücke schneiden.
- Zusammen mit Salz, Pfefferkörnern, Petersilie und geschältem Ingwer zufügen.
- Etwa vier Liter kaltes Wasser zugießen und alles zum Kochen bringen.
- Den an der Oberfläche entstandenen Schaum abschöpfen. Brühe bei kleiner Hitze etwa zwei Stunden gerade eben (nicht sprudelnd) kochen lassen.
- Brühe durch ein sehr feines Sieb gießen (notfalls Sieb mit einer Mullwindel auslegen) und zuerst bei Zimmertemperatur, danach im Kühlschrank abkühlen lassen.

Die entstandene erstarrte Fettschicht abnehmen. Das Fleisch herausnehmen und anderweitig verwenden.

Tip: Fleischbrühe läßt sich sehr gut portionsweise einfrieren. Wenn Sie einen sehr großen Topf besitzen, sollten Sie gleich die doppelte Menge Brühe für Ihren Vorrat kochen. Für die Rezepte dieses Buches können Sie aber auch Brühwürfel oder lösliche Instant-Brühe verwenden. Das gilt besonders für Gemüsebrühe.

Abwandlung: Rindfleisch und Rinderknochen durch ein Suppenhuhn ersetzen.

TOMATEN-EIERBLUMEN-SUPPE

4 Portionen
2 Tomaten,
1 Zwiebel,
2 Chinakohlblätter,
1 Eßl. Öl,
1 l Fleischbrühe,
2 Eßl. Sakewein,
Salz,
frisch gemahlener Pfeffer,
2 Eier,
1 Teel. Sesamöl.

Foto Seite 17

番茄蛋花

- Tomaten am Stielansatz kreuzförmig einritzen und mit kochendem Wasser überbrühen. Kurz in kaltes Wasser legen und die Haut abziehen. Tomaten in Achtel schneiden.
- Zwiebel abziehen, halbieren und in mondförmige Stücke schneiden.
- Kohlblätter abspülen, trockentupfen und in 1 cm breite Streifen schneiden.
- Zusammen mit der Zwiebel in einem Topf im heißen Öl unter Rühren etwa zwei Minuten anbraten.
- Fleischbrühe zufügen und aufkochen.
- Tomaten und Sakewein zufügen, weitere fünf Minuten kochen lassen und mit Salz und Pfeffer abschmecken.
- Eier und Sesamöl vermischen und zum Schluß in die Suppe geben.

Pro Portion ca. 110 Kalorien

FLEISCHKLÖSSCHENSUPPE MIT GLASNUDELN

4 Portionen
2 getrocknete Tung-Ku-Pilze,
30 g Glasnudeln,
150 g gemischtes Hackfleisch,
2 Eßl. Speisestärke,
1 Teel. Sakewein, 1 Ei,
1 Teel. Sojasoße, Salz,
frisch gemahlener Pfeffer,
1 1/4 l Fleischbrühe,
2 mittelgroße Zwiebeln,
1 Teel. Glutamat (evtl. weglassen),
Sojasoße zum Abschmecken,
1/2 Bund Schnittlauch.

Foto Seite16

肉丸湯

- Pilze und Glasnudeln getrennt in warmem Wasser zehn Minuten einweichen.
- Für die Klößchen Hackfleisch, Speisestärke, Sakewein, Ei und Sojasoße verrühren. Fleischteig mit Salz und Pfeffer abschmecken und zehn Minuten stehenlassen.
- Pilze und Glasnudeln abtropfen lassen. Pilze in Streifen und Glasnudeln in kurze Stücke schneiden.
- Brühe aufkochen.
- Aus dem Fleischteig kleine Klößchen formen und fünf Minuten in der Brühe ziehen, nicht kochen, lassen.
- Klößchen herausnehmen und warm stellen.
- Pilze, Glasnudeln und gewürfelte Zwiebeln in die Brühe geben und etwa acht Minuten kochen.
- Fleischklößchen wieder zufügen und die Suppe mit Glutamat, Sojasoße, Salz und Pfeffer abschmecken. Mit Schnittlauchröllchen bestreuen.

Pro Portion ca. 205 Kalorien

CHAMPIGNONSUPPE

4 Portionen
3 getrocknete Mu-Err-Pilze,
125 g Champignons,
1 Lauchzwiebel,
100 g Hähnchenbrustfilet,
2 Eßl. Öl,
1 1/4 l Hühnerbrühe,
2 Eßl. Sakewein,
3 Eßl. Sojasoße, Salz,
1/4 Teel. Glutamat
(evtl. weglassen),
Sesamöl.

Foto Seite 16/17

蘑菇鷄湯

- Mu-Err-Pilze 15 Minuten in heißem Wasser einweichen.
- Champignons putzen und in feine Scheiben schneiden. Lauchzwiebel (mit Grün) putzen und in Ringe schneiden.
- Mu-Err-Pilze gründlich abspülen und in Streifen schneiden.
- Hähnchenfleisch in dünne Streifen schneiden.
- Öl in einem Wok erhitzen. Lauchzwiebel darin anbraten. Fleisch und beide Pilzsorten zufügen und weiterbraten, bis die Champignons zusammengefallen sind und die Flüssigkeit fast verdampft ist.
- Brühe zugießen und aufkochen lassen. Mit Sakewein, Sojasoße, Salz, Glutamat und Sesamöl abschmecken.

Pro Portion ca. 160 Kalorien

Zuchtchampignons sind kaum sandig. Deshalb reicht es, wenn Sie die Pilze nicht waschen, sondern einfach mit einem Küchentuch abreiben.

FISCHSUPPE

4 Portionen
200 g Fischfilet
(z.B. Kalbeljau, Rotbarsch),
4 Eßl. Sakewein,
1 Scheibe gekochter Schinken
(etwa 50 g),
2 Lauchzwiebeln,
1 Stück Ingwer (etwa 1 1/2 cm),
1 Eßl. Speisestärke,
1 l Hühnerbrühe,
2 Eßl. Sojasoße,
2 Eßl. Weißweinessig,
1/4 Teel. Glutamat
(evtl. weglassen),
einige Stiele Petersilie.

蔥魚湯

- Fisch abspülen, trockentupfen, in kleine Würfel schneiden und mit zwei Eßlöffel Sakewein begießen. Zehn Minuten stehenlassen.
- Schinken würfeln, Lauchzwiebeln (mit Grün) putzen und in feine Ringe schneiden. Ingwer schälen und fein hacken.
- Fisch mit Speisestärke bestäuben und zusammen mit dem Ingwer etwa 15 Minuten in der Hühnerbrühe kochen.
- Lauchzwiebeln zufügen und fünf Minuten weiterkochen.
- Die Suppe mit Sojasoße, dem restlichen Sakewein, Essig und Glutamat abschmecken und mit Petersilienblättchen und dem gewürfelten Schinken bestreuen.

Pro Portion ca. 130 Kalorien

CHINAKOHLSUPPE

4 Portionen
25 g Glasnudeln,
150 g Hähnchenbrustfilet,
150 g Chinakohl,
1 Stück Ingwer (etwa 1 cm),
1 Lauchzwiebel,
1 Eßl. Öl,
1 1/4 l Fleischbrühe,
75 g Tofu,
Salz, frisch gemahlener Pfeffer,
Sakewein, Sojasoße und Sesamöl
zum Abschmecken.

白菜鷄湯

- Glasnudeln drei Minuten in warmem Wasser einweichen und mit einer Küchenschere in kurze Stücke schneiden.
- Fleisch in 2 cm lange Streifen schneiden.
- Chinakohlblätter abspülen und in Streifen schneiden. Ingwer schälen und fein hacken. Lauchzwiebel putzen und in feine Ringe schneiden.
- Lauchzwiebel mit dem Ingwer im heißen Öl abbraten. Fleisch zufügen und unter Rühren weiterbraten.
- Brühe zugießen und aufkochen.
- Gewürfelten Tofu und Chinakohl zufügen und mit Salz und Pfeffer würzen.
- Im geschlossenen Topf etwa zehn Minuten kochen.
- Glasnudeln unterrühren und mit Sakewein, Sojasoße und Sesamöl abschmecken.

Pro Portion ca. 150 Kalorien

WAN-TAN-SUPPE

4 Portionen
24 TK-Nudelblätter für Wan Tan (gibts in Chinaläden) oder Rezept siehe Kasten;
Füllung:
50 g Shrimps ohne Kopf und Schale,
2 Knoblauchzehen,
100 g Rinderhackfleisch,
1 Ei,
2 Eßl. Speisestärke,
1 Teel. Zucker,
Salz,
1/2 Teel. Glutamat (evtl. weglassen),
1 Eßl. Sojasoße,
frisch gemahlener Pfeffer;
1 1/4 l Fleischbrühe.
2 Mangoldblätter oder 1/4 Bund Schnittlauch.

餛飩湯

▪ Teigblätter auftauen lassen.
▪ Für die Füllung Shrimps kleinhacken und mit zerdrücktem Knoblauch, Hackfleisch, Ei und Speisestärke verrühren. Mit Zucker, Salz, Glutamat, Sojasoße und Pfeffer würzen. Etwa 20 Minuten ziehen lassen.
▪ Wan-Tan-Blätter nebeneinander ausbreiten (eventuell auf einem feuchten Küchentuch). Auf jedes Teigstück etwas Füllung geben. Teig zusammenfalten und die Ränder fest zusammendrücken.
▪ Brühe aufkochen und die Wan-Tan-Taschen darin etwa zehn Minuten bei kleiner Hitze ziehen lassen.
▪ Inzwischen Mangold in Streifen schneiden. In den letzten zwei Minuten mit zur Suppe geben. Oder ganz zum Schluß Schnittlauch zur Suppe geben.

Pro Portion ca. 160 Kalorien

Wan-Tan-Teig selbstgemacht

Chinesische Nudelblätter für Teigtaschen sind auch schnell selbst zubereitet: 125 Gramm Mehl, ein Ei, zwei Eßlöffel kaltes Wasser und einen Teelöffel Öl mit den Händen gründlich vermischen und danach mindestens fünf Minuten zu einem geschmeidigen Teig verkneten. Eventuell die Hände zwischendurch noch einmal mit Mehl bestäuben. Zugedeckt eine Stunde ruhenlassen. Auf Speisestärke hauchdünn ausrollen und Quadrate von zehn Zentimeter Seitenlänge ausschneiden. Der Teig reicht für etwa zwölf Wan-Tan-Hüllen.

Wan-Tan-Suppe

PORREESUPPE MIT RINDERLEBER

4 Portionen
200 g Rinderleber,
1 kleine Porreestange
(etwa 100 g),
1 Stück Ingwer (etwa 1 cm),
2 Eßl. Öl,
1 1/4 l Fleischbrühe,
1 Eßl. Speisestärke,
je 3 Eßl. Sakewein und Sojasoße,
1/4 Teel. Glutamat
(evtl. weglassen),
Salz, Sesamöl.

牛肝湯

- Leber abspülen, trockentupfen und in Streifen schneiden. Porree (mit Grün) putzen (siehe Foto unten), abspülen und in Ringe schneiden.
- Ingwer schälen und in feine Streifen schneiden.
- Öl in einem Wok oder einem Suppentopf erhitzen und den Ingwer darin anbraten.
- Leber zufügen und unter Wenden zwei Minuten stark anbraten.
- Porree zugeben und etwa drei Minuten weiterbraten.
- Brühe zugießen und aufkochen lassen.
- Speisestärke und drei Eßlöffel Wasser verrühren. Zur Brühe geben und aufkochen lassen.
- Mit Sakewein, Sojasoße, Glutamat und Salz würzen. Mit Sesamöl abschmecken.

Pro Portion ca. 170 Kalorien

Sandigen Porree bekommt man so am besten sauber: Porreestangen der Länge nach fast bis zum Wurzelende aufschneiden, auseinanderteilen und mit kaltem Wasser abspülen.

FISCHBÄLLCHENSUPPE

4 Portionen
200 g Fischfilet
(z.B. Kabeljau, Seelachs, Rotbarsch; frisch oder tiefgekühlt),
1 Bund Schnittlauch, 1 Ei,
2 Eßl. Sakewein,
5 Eßl. Semmelbrösel,
1 Teel. Sesamöl,
1 Eßl. Speisestärke,
1 Teel. Ingwerpulver,
1/2 Teel. Chinagewürz,
1 Eßl. Sojasoße,
1 l Fleischbrühe, Salz.

魚丸湯

- Fischfilet mit einem scharfen Messer fein hacken oder im Blitzhacker zerkleinern.
- Schnittlauch in Röllchen schneiden. Die Hälfte davon mit Fisch, Ei, Sakewein, Semmelbröseln, Sesamöl, Speisestärke und den Gewürzen vermischen. Zehn Minuten ziehen lassen.
- Fleischbrühe aufkochen.
- Aus dem Fischteig kleine Klößchen formen und in der Brühe bei kleiner Hitze zehn Minuten ziehen, nicht kochen, lassen.
- Suppe mit Salz abschmekken und mit restlichen Schnittlauchröllchen bestreuen.

Pro Portion ca. 140 Kalorien

Tip: Sie können die Fischbällchen auch in heißem Fett schwimmend ausbacken und mit süß-saurer Soße (Rezept Seite 40) als Vorspeise servieren.

REISNUDELSUPPE

4 Portionen
3 getrocknete Mu-Err-Pilze,
50 g Reisnudeln,
1 Lauchzwiebel,
1 Schweineschnitzel (150 g),
1 Eßl. Öl,
1 1/4 l Fleischbrühe,
2 Eßl. Sojasoße, Salz,
frisch gemahlener Pfeffer,
1/2 Teel. Glutamat
(evtl. weglassen),
1/2 Teel. Sesamöl,
1/4 Bund Schnittlauch.

米粉湯

- Pilze in heißem Wasser mindestens 15 Minuten einweichen.
- Reisnudeln in warmem Wasser einweichen und in kurze Stücke schneiden.
- Lauchzwiebel (mit Grün) putzen und in sehr feine Ringe schneiden.
- Fleisch in streichholzdünne Streifen schneiden.
- Pilze gründlich abspülen und in dünne Streifen schneiden.
- Fleisch, Lauchzwiebelringe und Pilze in einem Topf im heißen Öl anbraten. Brühe zufügen und aufkochen lassen.
- Reisnudeln, Sojasoße, Salz und Pfeffer zufügen und alles fünf Minuten kochen lassen.
- Mit Glutamat und Sesamöl abschmecken und mit Schnittlauchröllchen bestreuen.

Pro Portion ca. 145 Kalorien

SAUERSCHARFE SUPPE NACH KANTON-ART

4 Portionen
1 Schweineschnitzel (150 g),
2 mittelgroße Zwiebeln,
1 1/8 l Fleischbrühe,
Salz,
frisch gemahlener Pfeffer,
1 Teel. Glutamat (evtl. weglassen),
1 Eßl. Sojasoße,
5 Eßl. Weißweinessig,
2 Teel. Speisestärke,
2 Eier,
1/4 Bund Schnittlauch.

酸辣湯

- Fleisch in streichholzdünne Streifen schneiden.
- Zwiebeln abziehen und fein hacken.
- Brühe aufkochen. Zwiebeln, Fleisch, Salz, Pfeffer, Glutamat, Sojasoße und Essig zufügen und bei kleiner Hitze zehn Minuten kochen lassen.
- Speisestärke und eine halbe Tasse Wasser verrühren. Zur Suppe geben und einmal kurz aufkochen lassen.
- Suppe von der Kochstelle nehmen. Eier verquirlen und zum Schluß unterrühren.
- Suppe vor dem Servieren mit Schnittlauchröllchen bestreuen.

Pro Portion ca. 125 Kalorien

MAISCREMESUPPE MIT HÜHNERFLEISCH

4 Portionen
150 g Hähnchenbrustfilet,
1 Eßl. Sakewein,
2 Eßl. Sojasoße,
1 Dose Gemüsemais
(Abtropfgewicht etwa 200 g),
1 1/4 l Hühnerbrühe,
1 Eßl. Speisestärke,
2 Eier, Salz,
frisch gemahlener Pfeffer,
Sesamöl,
Schnittlauch.

玉米鷄湯

- Fleisch in Streifen schneiden und mit Sakewein und Sojasoße vermischen. Zehn Minuten ziehen lassen.
- Die Hälfte der Maiskörner im Mixer oder mit dem Schneidstab des Handrührers fein pürieren.
- Brühe aufkochen und den pürierten Mais und die Maiskörner zufügen.
- Speisestärke und eine halbe Tasse Wasser verrühren und die Suppe damit andicken.
- Fleisch zufügen und etwa acht Minuten kochen lassen.
- Eier verquirlen und unter Rühren in die Suppe geben. Nicht mehr kochen lassen.
- Suppe mit Salz, Pfeffer und Sesamöl abschmecken und mit Schnittlauchröllchen bestreuen.

Pro Portion ca. 325 Kalorien

BLUMENKOHLSUPPE MIT SCHWEINEFLEISCH

4 Portionen
2 – 3 getrocknete Mu-Err-Pilze,
1 Schweineschnitzel (150 g),
1/2 kleiner Blumenkohl (250 g),
1 kleine Zwiebel,
1 Eßl. Öl,
1 1/4 l Fleischbrühe,
Salz, frisch gemahlener Pfeffer,
je 2 Eßl. Sakewein und Sojasoße,
Sesamöl,
1/2 Bund Schnittlauch.

花菜湯

- Mu-Err-Pilze mindestens 15 Minuten in heißem Wasser einweichen.
- Fleisch in dünne Streifen schneiden.
- Blumenkohl putzen, abspülen und in Röschen teilen. Zwiebel abziehen und würfeln. Pilze gründlich abspülen und in Streifen schneiden.
- Zwiebelwürfel und Fleisch in heißem Öl anbraten.
- Fleischbrühe zugießen und aufkochen.
- Blumenkohl und die eingeweichten, kleingeschnittenen Pilze zufügen.
- Mit Salz, Pfeffer, Sakewein und Sojasoße würzen. Im geschlossenen Topf etwa zehn Minuten kochen.
- Suppe mit Sesamöl abschmecken und mit Schnittlauchröllchen bestreuen.

Pro Portion ca. 155 Kalorien

Mu-Err-Pilze werden im Wasser eingeweicht etwa dreimal so groß wie in getrocknetem Zustand. Nach dem Einweichen sollten die Pilze noch einmal gründlich abgespült werden.

MONTAGSSUPPE

4 Portionen
3 getrocknete Tung-Ku-Pilze,
30 g Glasnudeln,
1 Schweineschnitzel (150 g),
1 Zwiebel,
1 1/4 l Fleischbrühe,
170 g Bambussprossen aus der Dose,
2 Eßl. Sojasoße,
frisch gemahlener Pfeffer,
1 Ei, 1 Teel. Öl,
Salz, 1/2 Teel. Glutamat (evtl. weglassen),
1/2 Teel. Sesamöl.

冬菇猪肉湯

- Pilze etwa 15 Minuten in warmem Wasser einweichen.
- Glasnudeln zwei Minuten in kaltem Wasser einweichen und mit der Küchenschere in kurze Stücke schneiden.
- Fleisch in dünne Streifen schneiden. Zwiebel abziehen und fein würfeln. Brühe aufkochen.
- Fleisch und kleingeschnittene Pilze zufügen und sechs Minuten darin kochen.
- Glasnudeln, Zwiebelwürfel und abgetropfte Bambussprossen zufügen und drei Minuten weiterkochen.
- Inzwischen Ei verquirlen und in einer Pfanne im heißen Öl zu einem dünnen Omelett backen.
- In Stücke schneiden und in die Suppe geben.
- Mit Salz, Glutamat,Sojasoße und Pfeffer abschmecken. Sesamöl zum Schluß unterrühren.

Pro Portion ca. 145 Kalorien

Suppen auf Vorrat

Die chinesischen Suppen dieses Buches können Sie gut einfrieren. Allerdings sollten Sie Glasnudeln immer erst kurz vor dem Servieren in der Suppe erwärmen (vorher in warmem Wasser einweichen) und auch erst dann die Suppe mit Speisestärke andicken. Wenn Sie also ein Suppenrezept verdoppeln möchten, um eine Hälfte einzufrieren, sollten Sie die Menge teilen, ehe Sie Speisestärke und evtl. Glasnudeln zufügen.

Montagssuppe

GURKENSUPPE

4 Portionen
1 Salatgurke,
1 rote Pfefferschote,
1 Lauchzwiebel,
1 Stück Ingwer (etwa 1/2 cm),
100 g Wurstbrät oder
1 ungebrühte Kalbsbratwurst,
100 g gemischtes Hackfleisch,
1 Eßl. Speisestärke, Salz,
1 Eßl. Sakewein,
2 Eßl. Öl,
1 1/4 l Fleischbrühe,
Sesamöl.

瓜子湯

▪ Gurke schälen und in acht Stücke teilen. Kerne mit einem Teelöffel oder Apfelausstecher herauslösen.
▪ Pfefferschote der Länge nach halbieren und die Kerne herauskratzen. Schote in feine Würfel schneiden (dabei mit Gummihandschuhen arbeiten, siehe Seite 81).
▪ Lauchzwiebel putzen und in feine Ringe schneiden.
▪ Ingwer schälen, zerdrücken und mit Pfefferschote, Wurstbrät, Hackfleisch, Lauchzwiebelringen, Speisestärke, Salz und Sakewein vermischen.
▪ Fleischteig in die Gurken füllen und in einer Pfanne im heißen Öl von jeder Seite etwa vier Minuten braten.
▪ Brühe aufkochen und die Gurkenstücke zufügen. Noch zehn Minuten bei kleiner Hitze ziehen lassen. Mit Sesamöl abschmecken.

Pro Portion ca. 275 Kalorien

Mit einem Apfelausstecher sind die Gurkenstücke für die Gurkensuppe ganz schnell entkernt. Wer keinen besitzt, nimmt einfach ein kleines Küchenmesser.

RETTICHSUPPE MIT SCHWEINEFLEISCH

4 Portionen
1 kleiner Rettich (etwa 250 g),
2 dünne Schweineschnitzel
à 100 g,
1 Lauchzwiebel,
1 Stück Ingwer (etwa 1 cm),
2 Eßl. Öl,
1 1/4 l Fleischbrühe,
Salz, 5 Eßl. Sojasoße,
1 Teel. Essig,
frisch gemahlener Pfeffer,
Sesamöl, 1/2 Bund Schnittlauch.

蘿蔔湯

- Rettich schälen und in mundgerechte Stücke schneiden.
- Fleisch in dünne, kurze Streifen schneiden.
- Lauchzwiebel (mit Grün) putzen und in feine Ringe schneiden.
- Ingwer schälen und fein würfeln.
- Ingwer und Lauchzwiebel in einem Topf in heißem Fett anbraten. Fleisch zufügen und unter Rühren fünf Minuten braten.
- Brühe zugießen und aufkochen lassen.
- Rettich zufügen und die Suppe mit Salz, Sojasoße, Essig und Pfeffer würzen.
- Mit Sesamöl abschmecken und mit Schnittlauchröllchen bestreuen.

Pro Portion ca. 160 Kalorien

SCHARF-SAURE SUPPE NACH PEKING-ART

4 Portionen
4 getrocknete Tung-Ku-Pilze,
1 Schweineschnitzel (125 g),
125 g Tofu,
150 g Bambussprossen
aus der Dose,
1 1/4 l Fleischbrühe,
Salz,
frisch gemahlener Pfeffer,
1 Eßl. Speisestärke,
2 Eßl. Sojasoße,
5 Eßl. Weißweinessig,
1 Ei, etwa 1 Teel. Sesamöl,
Schnittlauch zum Garnieren.

辣酸湯

- Pilze in warmem Wasser etwa 15 Minuten einweichen.
- Fleisch in Streifen schneiden. Tofu abspülen und in feine Streifen schneiden.
- Pilze und Bambussprossen abtropfen lassen und ebenfalls in Streifen schneiden. Zusammen mit Brühe, Salz, Pfeffer, Fleisch und Tofu aufkochen und bei kleiner Hitze zugedeckt fünf Minuten kochen lassen.
- Speisestärke und eine halbe Tasse Wasser verrühren. Zusammen mit Sojasoße und Essig in die Suppe rühren. Ei verquirlen und zum Schluß langsam unter Rühren in die Suppe gießen. Nicht mehr kochen lassen.
- Mit etwas Sesamöl abschmecken und mit Schnittlauchröllchen bestreuen.

Pro Portion ca. 140 Kalorien

VORSPEISEN UND

Gedämpfte Hefeklöße – Pao Tzu
(Rezept Seite 34)

前菜和麵食

TEIGGERICHTE

GEDÄMPFTE HEFEKLÖSSE – PAO TZU

6 Portionen
Teig:
750 g Mehl,
1 Würfel frische Hefe (ersatzweise
2 Päckchen Trockenhefe),
400 ccm Milch,
1 Prise Zucker,
1 Teel. Salz, 1 Ei,
100 g Butter oder Margarine;
Füllung:
300 g Rinderhackfleisch,
2 mittelgroße Zwiebeln,
1 Ei, 1 Eßl. Mehl,
300 g Weißkohl,
1 Dose Bambussprossen
(Abtropfgewicht etwa 200 g),
3 Eßl. Sakewein,
1/2 Teel. Glutamat
(evtl. weglassen),
1 1/2 Teel milder Curry,
1/2 Teel. gemahlener Ingwer,
4 Eßl. Sojasoße,
2 Eßl. Fleischbrühe, Salz,
frisch gemahlener Pfeffer,
2 Eßl. Sesamöl;
Fett für den Dampftopf.

Foto Seite 32/33

肉包子

▪ Für den Teig Mehl in eine Schüssel geben. Hefe zerbröckeln und mit etwas lauwarmer Milch und einer Prise Zucker verrühren. Den „Vorteig“ in die Mitte des Mehles geben und etwa zehn Minuten gehen lassen.

▪ Restliche Milch, Salz, Ei und Fett zugeben und alles zu einem weichen Hefeteig verkneten. Teig abgedeckt an einem warmen Ort gehen lassen, bis sich sein Volumen etwa verdoppelt hat.

▪ Inzwischen für die Füllung Hackfleisch, Zwiebelwürfel, Ei und Mehl verkneten.

▪ Weißkohl putzen und in feine Streifen schneiden. Bambussprossen abtropfen lassen und in feine Streifen schneiden. Beides unter den Hackteig kneten.

▪ Füllung mit Sakewein, Glutamat, Curry, Ingwer, Sojasoße, Brühe, Salz, Pfeffer und Sesamöl würzen.

▪ Hefeteig nochmals durchkneten und in 18 Portionen teilen. Jede Teigportion zu einem Kreis von etwa 13 cm Ø ausrollen. Füllung darauf verteilen und den Teig zu Klößen formen. Die Klöße müssen gut verschlossen sein.

▪ Eventuell auf Pergamentpapier-Quadrate setzen.

▪ Nochmals etwa 15 Minuten gehen lassen. Nebeneinander auf den gefetteten Siebeinsatz des Dampftopfes (siehe Seite 8/9) geben. Im Wasserdampf etwa 30 Minuten garen.

Pro Portion ca. 755 Kalorien

GEBRATENE CHINESISCHE MAULTASCHEN

4 Portionen
Teig:
250 g Mehl,
4 Teel. Speisestärke,
Salz,
1 Ei;
Füllung:
200 g Weißkohl, Salz,
1/2 Bund Lauchzwiebeln,
1 Stück Ingwer (etwa 1,5 cm),
200 g gemischtes Hackfleisch,
2 Eßl. Sakewein,
1 Teel. Zucker, Salz,
frisch gemahlener Pfeffer,
1 Eßl. Sesamöl,
1 Teel. Glutamat (evtl. weglassen);
Mehl für die Arbeitsfläche,
Öl zum Braten.

鍋貼

- Für den Teig Mehl, Speisestärke, eine Prise Salz, Ei und knapp einen Achtelliter kochendes Wasser verkneten. Teig mit einem feuchten Tuch abdecken und 30 Minuten ruhenlassen.
- Für die Füllung Kohl putzen und fein hacken. Mit einem Teelöffel Salz vermischen, 15 Minuten ziehen lassen und danach gut ausdrücken. Die ausgedrückte Flüssigkeit weggießen.
- Lauchzwiebeln putzen und in feine Stückchen schneiden.
- Ingwer schälen und fein hacken.
- Kohl, Zwiebeln, Ingwer und Hackfleisch verkneten. Mit Sakewein, Zucker, Salz, Pfeffer, Sesamöl und Glutamat würzen.
- Eine Arbeitsfläche mit Mehl bestreuen. Aus dem Teig eine etwa 50 cm lange Rolle formen. Rolle in 50 Scheiben schneiden.
- Jedes Teigstück auf Mehl zu einem Fladen von etwa 8 cm Ø ausrollen. Auf jeden Fladen etwa zwei Teelöffel Füllung geben. Teig zusammenklappen, Ränder dabei fest andrücken.
- Maultaschen in einer großen Pfanne in Öl von jeder Seite kurz anbraten.
- Alle Maultaschen nebeneinander aufrecht in die Pfanne setzen (eventuell benötigen Sie zwei Pfannen) und etwa fünf Minuten braten.
- 100 ccm kochendes Wasser zufügen und in der offenen Pfanne solange weiterdünsten, bis die Flüssigkeit verdampft ist. Heiß servieren.

Pro Portion ca.485 Kalorien

Dazu: Soja-Essig-Soße (siehe Kasten Seite 47)

GEBRATENE NUDELN

4 Portionen
250 g Nudeln (z.B. Spaghetti, Gabelspaghetti, Spaghettini),
Salz, 5 Eßl. Öl,
2 dünne Schweineschnitzel à etwa 100 g,
je 100 g Bambussprossen und Sojasprossen aus der Dose,
1/2 Bund Lauchzwiebeln,,
1 Stück Ingwer (etwa 2 cm),
2 Knoblauchzehen,
100 g Shrimps ohne Kopf und Schale,
3 Eßl Sojasoße,
2 Eßl. Sakewein,
1/4 l Fleischbrühe,
1 Eßl. Barbecue-Soße,
1/2 Teel. Sambal oelek,
Sesamöl.

蝦仁炒麵

- Nudeln nach Packungsanweisung in reichlich Salzwasser mit einem Eßlöffel Öl bißfest kochen. Abtropfen lassen und kalt abspülen.
- Fleisch in feine Streifen schneiden.
- Bambus- und Sojasprossen abtropfen lassen. Bambussprossen in Streifen schneiden. Lauchzwiebeln putzen und in Ringe schneiden.
- Ingwer und Knoblauch schälen und fein hacken.
- Nudeln in zwei Eßlöffel Öl in einem Wok oder einer großen Pfanne unter Wenden etwa drei Minuten braten. Herausnehmen und warm stellen.
- Knoblauch und Ingwer in zwei Eßlöffel heißem Öl anbraten.
- Fleisch und Shrimps unter ständigem Rühren drei Minuten braten. Gemüse zufügen und noch drei Minuten weiterbraten.
- Sojasoße, Sakewein, Brühe, Barbecue-Soße und Sambal oelek verrühren, über Fleisch und Gemüse gießen und nochmals zwei Minuten dünsten. Nudeln unterheben und das Gericht mit Salz und etwas Sesamöl abschmecken.

Pro Portion ca. 495 Kalorien

TEIGTASCHEN MIT HACKFÜLLUNG

4 Portionen
Teig:
400 g Mehl,
2 Eßl. Öl, Mehl zum Ausrollen;
Füllung:
300 g Rinderhackfleisch,
1 Lauchzwiebel,
2 Eßl. Öl,
Salz,
1 Teel. Curry,
etwas Glutamat (evtl. weglassen),
1 Eßl. Sesamöl;
Öl zum Braten der Teigtaschen,
Petersilie zum Garnieren.

餡餅

- Für den Teig Mehl, 150 ccm heißes Wasser und Öl gut vermengen. 50 ccm kaltes Wasser zugießen und alles zu einem festen Teig verkneten. 15 Minuten ruhenlassen.
- Für die Füllung Hackfleisch und gehackte Lauchzwiebel im heißen Öl braun anbraten. Mit Salz, Curry, Glutamat und Sesamöl würzen. Abkühlen lassen.
- Aus dem Teig eine etwa 50 cm lange Rolle formen. Rolle in 20 Portionen schneiden.
- Jedes Teigstück zu einem Fladen von etwa 13 cm Ø ausrollen.
- Jeden Fladen mit etwa zwei Eßlöffel Füllung belegen. Zusammenklappen und die Teigränder fest zusammendrücken.
- Öl in einer großen Pfanne erhitzen und die Teigtaschen von beiden Seiten etwa fünf Minuten braun braten.
- Auf einer vorgewärmten Platte anrichten und mit Petersilie garnieren.

Pro Portion ca. 675 Kalorien

PERLENBÄLLCHEN

4 Portionen
150 g Klebreis (siehe Seite 13),
4 getrocknete Tung-Ku-Pilze,
125 g Champignons,
2 Lauchzwiebeln,
2 Knoblauchzehen, 1 Ei,
400 g Beefsteakhack (Tatar),
2 Eßl. Speisestärke,
1 Eßl. Sakewein, Salz,
frisch gemahlener Pfeffer,
1 Teel. Zucker,
2 Eßl. Sojasoße,
2 Eiweiß zum Bestreichen;
Fett für den Dampftopf.

珍珠肉丸

- Reis zwei Stunden in kaltem Wasser einweichen. Über einem Sieb abgießen und auf einem Küchentuch zum Trocknen ausbreiten.
- Tung-Ku-Pilze in heißem Wasser 15 Minuten lang einweichen.
- Champignons putzen und fein hacken. Tung-Ku-Pilze gründlich abspülen, Stielansatz entfernen und Pilze ebenfalls fein hacken.
- Pilze, dünne Lauchzwiebelringe, feingehackten Knoblauch, Ei, Hackfleisch, Speisestärke und Sakewein verkneten. Den Fleischteig mit Salz, Pfeffer, Zucker und Sojasoße abschmecken. Etwa 15 Minuten ziehen lassen.
- Aus dem Teig mit angefeuchteten Händen etwa zwölf Bällchen formen.
- In Eiweiß wenden und anschließend unter leichtem Druck in Reis wälzen, so daß die Reiskörner haften bleiben. Die reisumhüllten Bällchen auf Pergamentpapier setzen.
- Einen chinesischen Dampftopf (siehe Seite 8/9) einfetten und die Bällchen in großem Abstand auf den Dämpfeinsatz des Topfes legen. Wasser zum Kochen bringen. Die Bällchen etwa 30 Minuten dämpfen.
- Bällchen auf einer vorgewärmten Platte anrichten. Sesamsoße zum Dippen (siehe Kasten) dazu reichen.

Pro Portion mit Soße ca.
385 Kalorien

Sesamsoße zum Dippen

Je zwei Eßlöffel Sojasoße und Sakewein, fünf Eßlöffel Wasser, zwei Teelöffel Zucker, frisch gemahlener Pfeffer, eventuell 1/2 Teelöffel Glutamat, einen Eßlöffel Sesamsaat und etwas Sesamöl aufkochen. Zu den Perlenbällchen servieren.

KANTONESISCHE CURRYTASCHEN

4 Portionen
Teig:
250 g Mehl,
2 Eigelb,
120 g Butter oder Margarine,
je 1/4 Teel. Salz und Curry;
Füllung:
2 rote Chilischoten,
50 g Champignons,
1 Eßl. Öl,
200 g gemischtes Hackfleisch,
1 Eßl. Sojasoße,
1 Eßl. geröstete Sesamsaat,
1 1/2 Teel. milder Curry,
Salz,
frisch gemahlener Pfeffer,
1 Teel. Sesamöl;
Mehl für die Arbeitsfläche,
1 Eigelb zum Bestreichen.

咖哩酥角

- Für den Teig Mehl, Eigelb, Fett, Salz, Curry und vier Eßlöffel kaltes Wasser zu einem Mürbeteig verkneten. Abdecken und 30 Minuten kühl stellen.
- Für die Füllung Chilischoten der Länge nach halbieren, Kerne herauskratzen und die Schoten kleinschneiden (dabei mit Gummihandschuhen arbeiten, siehe Seite 81 und Foto unten).
- Champignons putzen und fein hacken.
- Im heißen Öl andünsten. Hackfleisch zerkrümeln und zufügen.
- Mit Chilischoten, Sojasoße, Sesam, Curry, Salz, Pfeffer und Sesamöl würzen und unter Rühren fünf Minuten braten. Abkühlen lassen.
- Teig auf wenig Mehl dünn ausrollen. Kreise von etwa 10 cm Ø mit Tasse oder Glas ausstechen.
- Auf jeden Teigkreis einen Eßlöffel Füllung geben. Ränder mit Eigelb bestreichen und zusammenklappen.
- Auf ein mit Backtrennpapier ausgelegtes Backblech legen und in den auf 200 Grad/Umluft 170 Grad/Gas Stufe 3 vorgeheizten Backofen schieben. Etwa 20 Minuten backen.

Pro Portion ca. 665 Kalorien

Chilischoten zuerst der Länge nach aufschlitzen und mit einem Küchenmesser die weißen Kerne herauskratzen. Sie sollten nicht mitgegessen werden.

Kantonesische Currytaschen

REISNUDELN MIT SCHWEINEFLEISCH UND SCHINKEN

4 Portionen
1 Schweineschnitzel (150 g),
100 g gekochter Schinken,
100 g Reisnudeln,
100 g Bambussprossen aus der Dose,
1 rote Paprikaschote,
2 Lauchzwiebeln,
2 Knoblauchzehen,
1 Stück Ingwer (etwa 1 cm),
3 Eßl. Öl,
150 g TK-Erbsen,
Salz,
frisch gemahlener Pfeffer,
je 3 Eßl. Sakewein und Sojasoße,
100 ccm Fleischbrühe,
1/2 Teel. Glutamat (evtl. weglassen),
Sesamöl,
etwa 1/2 Teel. Sambal oelek.

星州炒米粉

- Schnitzel und Schinken in feine Streifen schneiden.
- Reisnudeln zehn Minuten in lauwarmem Wasser einweichen.
- Bambussprossen auf einem Sieb abtropfen lassen und in Streifen schneiden.
- Paprikaschote und Lauchzwiebeln putzen, abspülen und ebenfalls in Streifen schneiden.
- Knoblauch und Ingwer schälen und fein hacken.
- Im heißen Öl in einer großen Pfanne anbraten. Fleisch und Schinken zufügen und etwa drei Minuten anbraten. Zwiebeln, Bambus, Paprika und Erbsen zufügen und mit Salz, Pfeffer, Sakewein, Sojasoße und Brühe würzen. Unter Rühren etwa drei Minuten dünsten.
- Abgetropfte, kurzgeschnittene Reisnudeln unterheben und alles mit Glutamat oder Salz, Sesamöl und Sambal oelek abschmecken.

Pro Portion ca. 390 Kalorien

Süß–saure Soße

Für zwei bis vier Personen (je nachdem, wozu die Soße gegessen wird) verrühren Sie je zwei Eßlöffel Zucker, Sojasoße, Sakewein, Tomatenketchup und Essig in einem Topf. Alles einmal aufkochen lassen.
Süß-saure Soße können Sie gut für den Vorrat kochen. Im Schraubdeckelglas hält sich die Soße mindestens zehn Tage im Kühlschrank.

RAVIOLI

4 Portionen
50 g Glasnudeln,
8 TK-Frühlingsrollenhüllen (gibt's in Chinaläden; ersatzweise selbstgemachter Wan-Tan-Teig; siehe Seite 22),
1 Hähnchenbrustfilet (etwa 200 g),
125 g Champignons,
1 Zwiebel,
1 mittelgroße Möhre,
1/4 Bund Petersilie,
1 Stück Ingwer (etwa 1 cm),
2 Knoblauchzehen,
2 Eßl. Öl,
1 Teel. Curry,
2 Eßl. Sojasoße,
1 Eßl. Sakewein,
Salz,
1/2 Teel. Glutamat (evtl. weglassen),
1/2 Eßl. Sesamöl,
1/2 Eßl. Speisestärke,
30 g Mehl;
Fett zum Fritieren.

龍鳳鷄餃

- Glasnudeln drei Minuten in warmem Wasser einweichen und mit einer Küchenschere in kurze Stücke schneiden.
- Teighüllen nebeneinander auftauen lassen, mit einem Küchentuch abdecken. Sie trocknen leicht aus.
- Hähnchenfleisch in feine Streifen schneiden.
- Champignons putzen und in Scheiben schneiden. Zwiebel abziehen und fein würfeln. Möhre schälen und in feine Stifte schneiden. Petersilie hacken.
- Ingwer und Knoblauch schälen und fein würfeln.
- Öl in einem Wok oder einer großen Pfanne erhitzen.
- Knoblauch und Ingwer kurz anbraten, Fleisch zufügen, ca. 3 Minuten braten.
- Das vorbereitete Gemüse unter Rühren zufügen und mit Curry, Sojasoße, Sakewein, Salz, Glutamat und Sesamöl würzen. Speisestärke darüberstäuben und kräftig durchrühren. Glasnudeln unterheben. Füllung abkühlen lassen.
- Etwa zwei bis drei Eßlöffel davon auf die Teighüllen geben.
- Mehl und drei Eßlöffel Wasser verrühren. Teigränder damit bestreichen. Die vier Ecken zur Mitte hin über der Füllung zusammenfalten. Ränder fest andrücken und portionsweise in heißem Fett schwimmend ausbacken. Auf Küchenkrepp abtropfen lassen.

Pro Portion ca. 445 Kalorien

Dazu: Süß-saure Soße (s. Seite 40) oder Soja-Essig-Soße (s. Seite 47)

Frühlingsrollen

FRÜHLINGSROLLEN

8 Stück
8 bis 10 TK-Frühlingsrollen-Hüllen (gibt's in Chinaläden, oder siehe Rezept unten),
10 g getrocknete Mu-Err-Pilze,
je 100g Bambussprossen
und Sojasprossen aus der Dose,
3 Chinakohlblätter,
50 g Glasnudeln,
250 g Hackfleisch,
1 Teel. Speisestärke,
1 Eßl. Sakewein, Salz,
3 Eßl. Öl,
frisch gemahlener Pfeffer,
1 Eßl. Sojasoße,
1/2 Teel. Glutamat
(evtl. weglassen),
1/2 Teel. Curry,
1/2 Teel. Sesamöl,
2 Eßl. Mehl,
Fett zum Fritieren.

炸春捲

- Teighüllen nebeneinander auftauen lassen. Mit einem Küchentuch abdecken. Sie trocknen leicht aus.
- Pilze 15 Minuten in warmem Wasser einweichen.
- Bambus- und Sojasprossen auf einem Sieb abtropfen lassen. Bambussprossen in feine Streifen schneiden.
- Chinakohl abspülen, trockentupfen und in Streifen schneiden.
- Glasnudeln etwa zehn Minuten in warmem Wasser einweichen.
- Inzwischen Hackfleisch, Speisestärke und Sakewein vermischen, mit Salz abschmecken und zehn Minuten ziehen lassen.
- Die Glasnudeln abtropfen lassen und in kurze Stücke schneiden.
- Hackfleisch in zwei Eßlöffel heißem Öl hellbraun anbraten. Herausnehmen und beiseite stellen.
- Chinakohl, Bambussprossen und Sojasprossen im restlichen Öl anbraten. Mit Salz, Pfeffer, Sojasoße, Glutamat und Curry würzen und vier Minuten unter Rühren weiterdünsten.
- Hackfleisch und Glasnudeln unterrühren und mit Sesamöl abschmecken. Die Füllung abkühlen lassen.
- Mehl und etwa drei Eßlöffel Wasser verrühren.
- Auf jede Teighülle etwa vier Eßlöffel Füllung geben. Teigränder mit angerührtem Mehl bestreichen und zweimal zur Mitte hin zusammenfalten. Ränder fest zusammendrücken (siehe Foto Seite 46).
- Frühlingsrollen portionsweise in heißem Fett (Friteuse oder große, tiefe Pfanne) schwimmend ausbacken, bis sie hellbraun sind.
- Auf Küchenkrepp abtropfen lassen.

Teighüllen für Frühlingsrollen

Aus 60 Gramm Speisestärke, 120 Gramm Mehl, einem halben Teelöffel Salz und 300 ccm Wasser einen Teig rühren. Etwa 30 Minuten stehenlassen. In einer beschichteten Pfanne in je einem Teelöffel Öl sechs bis acht dünne Pfannkuchen von etwa 16 cm Ø nur von einer Seite braun backen.

CHINESISCHES OMELETT

4 Portionen
Teig:
4 Eier, Salz,
frisch gemahlener Pfeffer,
Öl zum Braten;
Füllung:
3 getrocknete Tung-Ku-Pilze,
200 g Schweinefleisch
(Nacken oder Schnitzelfleisch),
1/2 Bund Lauchzwiebeln,
125 g frische Sojasprossen,
2 Eßl. Öl,
1 Tasse gekochter Reis
(50 g ungekochter),
100 ccm Fleischbrühe,
2 Eßl. Sojasoße,
1 Eßl. Sakewein,
frisch gemahlener Pfeffer,
1 Stück Ingwer (etwa 1 cm),
Salz, 1 Teel. Glutamat
(evtl. weglassen),
1/2 Bund Petersilie.

蛋包飯

- Für die Füllung Pilze in heißem Wasser mindestens 15 Minuten einweichen.
- Fleisch in feine Streifen schneiden. Lauchzwiebeln putzen und in feine Ringe schneiden.
- Sojasprossen zuerst heiß, dann kalt abspülen und abtropfen lassen.
- Pilze gründlich abspülen und in Streifen schneiden.
- Lauchzwiebeln und Fleisch in heißem Öl unter Rühren anbraten.
- Pilze und Sojasprossen zufügen und unter Rühren fünf Minuten weiterdünsten.
- Reis unterheben und alles mit Brühe, Sojasoße, Sakewein, Pfeffer, gehacktem Ingwer, Salz und Glutamat würzen. Füllung warm stellen.
- Für jedes Omelett ein Ei mit Salz und Pfeffer verrühren.
- Etwas Öl in einer Omelettpfanne erhitzen. Ei hineingießen und bei mittlerer Hitze von beiden Seiten backen.
- Auf jedes Omelett ein Viertel der Füllung geben. Zusammenklappen und mit Petersilie garnieren.

Pro Portion ca. 315 Kalorien

Vorsicht, Alkohol!
In vielen Rezepten dieses Buches ist Sakewein als Zutat angegeben. Er dient, wie Sojasoße, zum Abschmecken und Abrunden der Speisen. Leider gibt es keine alkoholfreie Alternative für Sakewein. Wer nicht mit Alkohol kochen will oder darf, läßt den Sakewein einfach weg. Falls Säure fehlt, hilft ein Spritzer Zitronensaft. Denken Sie bei der Verwendung von Alkohol beim Kochen auch an Kinder, die mitessen, oder an Gäste, die vielleicht keinen Alkohol trinken dürfen!

GEDÄMPFTE WAN-TANS

4 Portionen
3 getrocknete Tung-Ku-Pilze,
1/2 Dose Bambussprossen (100 g),
1/2 Tasse abgetropfte Wasserkastanien (etwa 75 g),
300 g Rinderhackfleisch,
100 g Shrimps ohne Kopf und Schale,
1/2 Bund Schnittlauch,
50 g TK-Erbsen, 1 Ei,
Salz, frisch gemahlener Pfeffer,
1/2 Teel. Glutamat (evtl. weglassen),
1 Teel. Zucker,
je 2 Eßl. Sakewein und Sojasoße,
1/2 Eßl. Sesamöl,
1 Päckchen TK-Wan-Tan-Hüllen (gibt's in Chinaläden; ersatzweise 2 Rezepte selbstgemachten Wan-Tan-Teig, siehe Seite 22),
Fett für den Dampftopf;
Soße:
1/4 Teel. Salz,
1 Teel. Zucker,
2 Eßl. Sojasoße,
1/2 Teel. Glutamat (evtl. weglassen),
frisch gemahlener Pfeffer,
1 Eßl. Sesamsaat,
1/2 Teel. Sesamöl.

蒸餛飩

- Pilze in heißem Wasser 15 Minuten einweichen.
- Abgetropfte Bambussprossen und Wasserkastanien fein hacken.
- Pilze gründlich abspülen und in Streifen schneiden.
- Hackfleisch, Shrimps, Pilze, Schnittlauchröllchen, Sprossen-Kastanien-Mischung mit Erbsen, Ei und Gewürzen vermischen und 15 Minuten ziehen lassen.
- Die Füllung auf die aufgetauten Wan-Tan-Hüllen geben und zusammendrücken. Teigränder leicht zusammendrücken.
- Einsatz des chinesischen Dampftopfes einfetten und die Wan-Tans nebeneinander auf den Dampftopf-Korbboden setzen. Topf mit Wasser füllen. Aufkochen lassen und die Wan-Tans bei milder Hitze 20 Minuten dämpfen.
- Alle Zutaten für die Soße und fünf Eßlöffel Wasser aufkochen.
- Fertige Wan-Tans auf einer vorgewärmten Platte anrichten und die Soße zum Dippen dazu reichen.

Pro Portion ca. 295 Kalorien

SHRIMPS-ROLLEN

8 Stück
8 bis 10 TK-Frühlingsrollenhüllen (gibt's in Chinaläden, oder siehe Kasten Seite 43),
3 getrocknete Tung-Ku-Pilze,
200 g Shrimps ohne Kopf und Schale,
Salz, 2 Eßl. Sakewein,
4 Eßl. Öl,
frisch gemahlener Pfeffer,
1 Eiweiß,
2 Eßl. Speisestärke,
1 Bund Lauchzwiebeln,
1 Dose Bambussprossen (Abtropfgewicht etwa 200 g),
1/2 Teel. Glutamat (evtl. weglassen),
1/2 Teel. Curry,
1 Eßl. Sesamöl,
1 Teel. Zucker,
3 Eßl. Mehl,
Fett zum Fritieren.

炸蝦捲

- Teighüllen nebeneinander auftauen lassen. Mit einem Küchentuch abdecken. Sie trocknen leicht aus.
- Pilze in heißem Wasser 15 Minuten einweichen.
- Shrimps kleinschneiden und mit Salz, je einem Eßlöffel Sakewein und Öl, Pfeffer, Eiweiß und Speisestärke verrühren. Zehn Minuten ziehen lassen.
- Lauchzwiebeln putzen und in feine Ringe schneiden.
- Bambussprossen abtropfen lassen und in feine Streifen schneiden.
- Pilze gründlich abspülen und in feine Stückchen schneiden.
- Shrimps in einem Wok oder einer großen Pfanne in einem Eßlöffel Öl kurz andünsten. Herausnehmen und beiseite stellen.
- Lauchzwiebeln, Pilze und Bambussprossen unter Rühren in zwei Eßlöffel Öl etwa vier Minuten dünsten.
- Mit den Shrimps vermischen. Mit Salz, Pfeffer, Glutamat, Curry, Sesamöl, dem restlichen Sakewein und Zucker würzen. Die Füllung abkühlen lassen.
- Für jede Rolle zwei bis drei Eßlöffel davon auf die vorbereiteten Teighüllen geben.
- Mehl und drei Eßlöffel Wasser verrühren. Die Teigränder damit bestreichen. Teig zweimal zur Mitte hin zusammenfalten (siehe Foto). Ränder fest andrücken.
- Im heißen Fett portionsweise schwimmend ausbacken. Auf Küchenkrepp abtropfen lassen.

Pro Stück ca. 270 Kalorien

Die gefüllten Teigblätter für Frühlings- und Shrimps-Rollen werden wie zu einem Kuvert gefaltet. Vorher die Ränder zum Kleben mit einer Mehl-Wasser-Mischung bestreichen.

EIERTASCHEN

4 Portionen
1 kleine Dose geschnittene Champignons (Abtropfgewicht 240 g),
4 Lauchzwiebeln,
4 Scheiben gekochter Schinken,
4 Eier,
Salz,
frisch gemahlener Pfeffer,
Sojasoße,
Sesamöl,
4 Eßl. Öl.

煎蛋餃

- Pilze abtropfen lassen. Lauchzwiebeln putzen und in Ringe schneiden. Schinken in Würfel schneiden.
- Eier verquirlen, mit Salz, Pfeffer, Sojasoße und Sesamöl würzen.
- Für jede Eitasche einen Eßlöffel Öl in einer Pfanne erhitzen. Ein Viertel der Eier hineingießen. Ein Viertel der Champignons, Lauchzwiebeln und des gekochten Schinkens daraufgeben.
- Sobald das Ei fest ist, zur Hälfte zusammenfalten. Eitasche auf beiden Seiten goldbraun braten.

Pro Portion ca. 330 Kalorien

Tip: Nach Möglichkeit sollten Sie für alle Rezepte ganz frische Eier verwenden. Wenn Sie Eier, die älter als zwei Wochen sind, für dieses Rezept verwenden, müssen die Eiertaschen gut durchgebraten sein. Bei einer Temperatur von 70 Grad Celsius sind alle eventuell vorhandenen Salmonellen abgetötet.

Soja-Essig-Soße
Einen halben Teelöffel Salz, einen Eßlöffel Sesamöl, je zwei Eßlöffel Sakewein und Weißweinessig, drei Eßlöffel Sojasoße und einen Teelöffel Sesamsaat vermischen und aufkochen. Paßt zu den chinesischen Maultaschen und zu Ravioli.

牛肉

Rinderfilet mit Orangen
(Rezept Seite 50)

RINDFLEISCH

RINDERFILET MIT ORANGEN

2 Portionen
300 g Rinderfilet,
je 2 Eßl. Sojasoße und Sakewein,
1 Eßl. Speisestärke,
2 mittelgroße Orangen,
150 g Bambussprossen aus der Dose,
3 Lauchzwiebeln,
3 Eßl. Öl,
frisch gemahlener Pfeffer,
150 ccm Fleischbrühe,
1/2 Eßl. Honig,
2 Eßl. Kokosraspel,
Sesamöl, Salz.

Foto Seite 48/49

橘子炒牛肉

- Rinderfilet in Streifen schneiden. Sojasoße, Sakewein und einen halben Eßlöffel Speisestärke verrühren, das Fleisch etwa 30 Minuten darin marinieren.
- Orangen so schälen, daß auch die weiße Haut entfernt ist. In Stücke schneiden.
- Bambussprossen abtropfen lassen und in Scheiben schneiden. Lauchzwiebeln putzen und in 2 cm lange Stücke schneiden.
- Fleisch in einer Pfanne in zwei Eßlöffel heißem Öl etwa fünf Minuten braten. Herausnehmen und warm stellen.
- Lauchzwiebeln und Bambus im restlichen Öl anbraten.
- Orangenstücke, Pfeffer, Brühe, Honig und Kokosraspel zufügen. Aufkochen lassen.
- Restliche Speisestärke und zwei Eßlöffel Wasser verrühren und zum Gemüse gießen. Aufkochen lassen.
- Fleisch unterheben und mit Sesamöl und Salz abschmecken.

Pro Portion ca. 560 Kalorien

GEBRATENE RINDERROLLEN MIT SPARGEL

3 Portionen
3 Scheiben Rinderrouladenfleisch à etwa 180 g,
3 Knoblauchzehen,
2 Eßl. Sojasoße,
1 Eßl. Barbecue-Soße,
3 Eßl. Sakewein,
1 Teel. Sambal oelek,
Salz,
frisch gemahlener Pfeffer,
500 g frischer Spargel,
9 Scheiben Frühstücksspeck (Bacon),
50 g Mehl,
3 Eßl. Öl,
150 ccm Fleischbrühe,
1 Teel. Sesamöl,
Petersilie.

蘆筍牛肉捲

- Rindfleisch mit zerdrücktem Knoblauch, Sojasoße, Barbecue-Soße, Sakewein, Sambal oelek, Salz und Pfeffer eine Stunde marinieren.
- Spargel schälen.
- Fleisch aus der Marinade nehmen und jede Scheibe mit drei Scheiben Speck und einem Drittel des Spargels belegen. Alle drei Scheiben aufrollen, mit Holzspießchen zusammenstecken und in etwa 4 cm dicke Scheiben schneiden. In Mehl wenden und im heißen Öl von beiden Seiten braun braten.
- Brühe und restliche Marinade zufügen, einmal aufkochen lassen und mit Sesamöl abschmecken.
- Fleischrollen auf einer vorgewärmten Platte anrichten und mit Petersilie garnieren.

Pro Portion ca. 750 Kalorien

RINDFLEISCH MIT BROKKOLI

2 Portionen
1 Scheibe Rinderrouladenfleisch (etwa 200 g),
1 Teel. Zucker,
2 Teel. Speisestärke,
1 Prise Backpulver,
5 Eßl. Öl,
2 Eßl. Sakewein,
4 Eßl. Sojasoße,
3 getrocknete Tung-Ku-Pilze,
250 g Brokkoli,
1 kleine Dose Maiskolben (etwa 110 g Einwaage),
2 Knoblauchzehen,
75 ccm Fleischbrühe,
1 Teel. Sesamöl,
1 Eßl. Barbecue-Soße,
1 Teel. Glutamat (evtl. weglassen).

芥蘭牛肉

▮ Fleisch in feine Streifen schneiden und mit Zucker, Speisestärke, zwei Eßlöffel Wasser, Backpulver, je einem Eßlöffel Öl und Sakewein und zwei Eßlöffel Sojasoße vermischen. 20 Minuten ziehen lassen.
▮ Inzwischen Pilze etwa 15 Minuten in heißem Wasser einweichen.
▮ Brokkoli putzen und in kleine längliche Streifen schneiden.
▮ Mais abtropfen lassen. Pilze abspülen und in Streifen schneiden.
▮ Abgezogenen, feingehackten Knoblauch in zwei Eßlöffel Öl in einer Pfanne anbraten. Brokkoli, Maiskolben und Pilze zufügen und unter Rühren etwa fünf Minuten weiterbraten.
▮ Gemüse aus der Pfanne nehmen und warm stellen.
▮ Restliches Öl erhitzen und das Fleisch darin anbraten.
▮ Gemüse, Brühe, Sesamöl, restliche Sojasoße, restlichen Sakewein und Barbecue-Soße zufügen und gut vermengen. Fleischmarinade zufügen und aufkochen lassen.
▮ Mit Glutamat oder Salz abschmecken.

Pro Portion ca. 540 Kalorien

Tip: Statt Maiskolben können Sie auch 100 Gramm geschälte Mandeln verwenden.

RINDFLEISCH MIT PAPRIKA

2 Portionen
1 Scheibe Rinderrouladenfleisch (etwa 250 g),
4 Eßl. Sojasoße,
3 Eßl. Sakewein,
1 Teel. Speisestärke,
Salz, frisch gemahlener Pfeffer,
je 1 rote, grüne und gelbe Paprikaschote,
3 Eßl. Öl,
75 ccm Fleischbrühe,
1 Teel. Sambal oelek,
1 Eßl. Barbecue-Soße,
1/2 Teel. Glutamat (evtl. weglassen).

青椒牛肉

- Fleisch in Streifen schneiden und mit je zwei Eßlöffel Sojasoße und Sakewein, der Speisestärke, Salz und Pfeffer vermischen. 30 Minuten ziehen lassen.
- Inzwischen Paprikaschoten putzen, abspülen und in Streifen schneiden.
- Fleisch aus der Marinade nehmen und in einem Topf in zwei Eßlöffel heißem Öl anbraten. Herausnehmen und warm stellen.
- Paprikaschoten im restlichen Öl im selben Topf andünsten. Mit Brühe, restlichem Sakewein und Sojasoße, Sambal oelek, Barbecue-Soße und Glutamat würzen und unter Rühren noch etwa fünf Minuten dünsten.
- Fleisch und die übriggebliebene Marinade unterheben und alles noch einmal aufkochen lassen.

Pro Portion ca. 370 Kalorien

Der grüne Stielansatz, die Kerne und die weißen Rippen müssen aus den Paprikaschoten entfernt werden. Danach die Schoten kalt abspülen.

GEBRATENE RINDERLEBER MIT CHAMPIGNONS

3 Portionen
350 g Rinderleber,
3 Eßl. Sojasoße,
1 Eßl. Hoisin-Soße,
1 Teel. Zucker,
4 Eßl. Öl,
3 Eßl. Sakewein,
250 g Champignons,
1/2 Bund Lauchzwiebeln,
2 Eßl. Mehl,
1 Stück Ingwer (etwa 1 cm),
1 Teel. Sambal oelek,
75 ccm Fleischbrühe,

牛肝炒蘑菇

▪ Leber in feine Streifen schneiden und mit zwei Eßlöffel Sojasoße, Hoisin-Soße, Zucker, einem Eßlöffel Öl und dem Sakewein vermischen und 15 Minuten ziehen lassen.
▪ Inzwischen Champignons putzen und halbieren. Lauchzwiebeln putzen und in 2 cm lange Stücke schneiden.
▪ Marinierte Leber auf einem Sieb abtropfen lassen. Marinade auffangen. Leber mit Mehl vermischen.
▪ Ingwer schälen, fein hacken und in einer Pfanne in zwei Eßlöffel heißem Öl anbraten. Leber zufügen und unter ständigem Rühren eine Minute scharf anbraten. Herausnehmen und warm stellen.
▪ Restliches Öl in der Pfanne erhitzen und Champignons und Lauchzwiebeln darin andünsten. Restliche Sojasoße und Sambal oelek zufügen und drei Minuten weiterdünsten.
▪ Fleischmarinade, Fleischbrühe und die Leber zufügen und alles einmal aufkochen lassen.
▪ Mit Salz und etwas Sesamöl abschmecken.

Pro Portion ca. 530 Kalorien

RINDFLEISCH IN BARBECUE-SOSSE

2 Portionen
200 g Rinderrouladenfleisch oder Rinderfilet,
2 Eßl. Sojasoße,
1 Teel. Speisestärke,
1 Eßl. Sakewein,
3 mittelgroße Zwiebeln,
3 Eßl. Öl,
Salz,
75 ccm Fleischbrühe,
1 Teel. Sambal oelek,
1 Eßl. Barbecue-Soße.

沙茶牛肉

▪ Fleisch in feine Streifen schneiden und mit einem Eßlöffel Sojasoße, Speisestärke und Sakewein vermischen. 30 Minuten ziehen lassen.
▪ Zwiebeln abziehen und in Ringe schneiden.
▪ Zwei Eßlöffel Öl in einem Wok oder in einer Pfanne erhitzen und das Fleisch darin scharf anbraten.
▪ Herausnehmen und beiseite stellen.
▪ Restliches Öl erhitzen und die Zwiebeln darin anbraten. 75 ccm Wasser zufügen.
▪ Mit Salz, restlicher Sojasoße, Brühe, Sambal oelek und Barbecue-Soße würzen.
▪ Fleisch und die abgetropfte Fleischmarinade zufügen und alles einmal aufkochen lassen.

Pro Portion ca. 310 Kalorien

RINDERGULASCH NACH BUH-YU'S ART

3 Portionen
500 g Rindfleisch aus der Blume,
2 Knollen Knoblauch (etwa 40 g),
3 Eßl. Öl,
4 Eßl. Sakewein,
Salz,
1 Teel. Zucker,
3 Eßl. dunkle Sojasoße,
300 ccm Brühe,
1 Bund Lauchzwiebeln,
1/2 Eßl. Speisestärke.

紅燒牛肉

- Rindfleisch in 4 cm große Würfel schneiden.
- Knoblauch abziehen und jede Zehe mit einem großen Messer flachdrücken. In einem Schmortopf im heißen Öl unter ständigem Rühren anbraten. Herausnehmen und warm stellen.
- Fleisch in dem Topf portionsweise braun braten.
- Das gesamte Fleisch wieder in den Topf geben.
- Knoblauch, Sakewein, Salz, Zucker, Sojasoße und Brühe zufügen und im geschlossenen Topf etwa eine Stunde schmoren. Eventuell etwas Wasser nachgießen.
- Wenn das Fleisch weich ist, Lauchzwiebeln in Stücke schneiden, zufügen und alles noch zehn Minuten weiterschmoren.
- Speisestärke und drei Eßlöffel Wasser verrühren und das Gulasch damit andicken.

Pro Portion ca. 340 Kalorien

Knoblauch – am besten frisch

Knoblauchfans wissen es längst – frischer Knoblauch schmeckt am besten. In der kalten Jahreszeit ist aber selten frischer Knoblauch zu bekommen. Deshalb muß man auf die etwas älteren Knollen zurückgreifen. Sie sollten dann den inneren grünen Kern der Zehen entfernen. Er schmeckt leicht bitter und penetrant.

Rindergulasch nach Buh Yu's Art

CHOP SUOP

2 Portionen
15 g getrocknete Mu-Err-Pilze,
1 Scheibe Rinderrouladenfleisch (200 g),
200 g Staudensellerie,
170 g Ananas aus der Dose,
170 g Bambussprossen aus der Dose,
5 Eßl. Öl,
Salz,
frisch gemahlener Pfeffer,
2 Eßl. Sojasoße,
2 Eßl. Sakewein,
1 Eßl. Sesamöl,
1 Teel. Glutamat (evtl. weglassen),
1/8 l Fleischbrühe,
2 Eier,
1 Eßl. Speisestärke.

什菜牛肉

- Pilze 15 Minuten in warmem Wasser einweichen.
- Fleisch in dünne Scheiben schneiden.
- Staudensellerie putzen und in dünne Scheiben schneiden. Ananas abtropfen lassen und in Stücke schneiden. Bambussprossen ebenfalls abtropfen lassen und in Streifen schneiden.
- Pilze abspülen und in Scheiben schneiden.
- Fleisch in einer Pfanne in zwei Eßlöffel heißem Öl braun anbraten. Mit Salz und Pfeffer kräftig würzen, herausnehmen und warm stellen.
- Sellerie, Ananas, Bambus und die Pilze in zwei Eßlöffel Öl andünsten und mit Sojasoße, Sakewein, Sesamöl, Salz, Pfeffer, Glutamat und Brühe würzen. Bei kleiner Hitze fünf Minuten dünsten.
- Inzwischen restliches Öl in einer beschichteten Pfanne erhitzen und die verquirlten, leicht gesalzenen Eier zu einem Omelett backen.
- Omelett in kleine Stückchen zerpflücken.
- Speisestärke und drei Eßlöffel Wasser verrühren. Zusammen mit dem Fleisch zum Gemüse geben und einmal aufkochen lassen. Mit Omelettstückchen bestreuen.

Pro Portion ca. 620 Kalorien

RINDFLEISCH IN HOISIN-SOSSE

2 Portionen
300 g Rindfleisch aus der Blume,
Salz,
Zucker,
frisch gemahlener Pfeffer,
2 Eßl. dunkle Sojasoße,
5 Eßl. Sakewein,
2 Teel. Speisestärke,
6 Eßl. Öl,
250 g frischer Spargel,
3 Lauchzwiebeln,
2 Knoblauchzehen,
1 Stück Ingwer (etwa 1 cm),
75 ccm Fleischbrühe,
3 Eßl. Hoisin-Soße,
Sesamöl.

蘆筍牛肉

- Rindfleisch in dünne Scheiben schneiden. Mit einem viertel Teelöffel Salz, einer großen Prise Zucker, Pfeffer, Sojasoße, zwei Eßlöffel Sakewein und einem Teelöffel Speisestärke vermischen.
- Einen Eßlöffel Öl darübergeben. 15 Minuten ziehen lassen.
- Inzwischen Spargel schälen, die unteren Enden knapp abschneiden und den Spargel in 3 cm lange Stücke schneiden.
- Lauchzwiebeln putzen und ebenfalls in drei cm lange Stücke schneiden.
- Knoblauch und Ingwer schälen, fein hacken und in drei Eßlöffel Öl in einem Wok oder einer Pfanne anbraten. Fleisch zufügen und unter ständigem Rühren noch etwa fünf Minuten braten. Fleisch herausnehmen.
- Lauchzwiebel und Spargel nacheinander im selben Topf im restlichen Öl anbraten.
- Restliche Speisestärke und Sakewein, Brühe und Hoisin-Soße zufügen. Bei mittlerer Hitze etwa acht Minuten dünsten.
- Fleisch wieder zufügen und mit etwas Sesamöl abschmecken.

Pro Portion ca. 585 Kalorien

Öl zum Braten

In fast allen Rezepten dieses Buches brauchen Sie Öl zum Braten. Am besten nehmen Sie ein geschmacksneutrales Pflanzenöl. Zum Beispiel Maiskeim-, Soja- oder Erdnußöl. Olivenöl eignet sich wegen seines Eigengeschmacks nicht so gut. Auch Butterschmalz oder gehärtetes Pflanzenfett können Sie verwenden. Auf Butter oder Margarine sollten Sie zum Braten verzichten. Diese Fette vertragen keine hohen Temperaturen.

Rindfleisch mit Staudensellerie

RINDFLEISCH MIT STAUDENSELLERIE UND PORREE

2 Portionen
300 g Rindfleisch aus der Blume,
200 g Staudensellerie,
1 Porreestange,
1 Stück Ingwer (etwa 1,5 cm),
4 Eßl. Öl,
150 g TK-Erbsen,
je 3 Eßl. Sakewein und Sojasoße,
frisch gemahlener Pfeffer,
1 Teel. Sambal oelek,
1 Teel. Zucker,
2 Eßl. Essig,
1 Eßl. Speisestärke,
Sesamöl,
1/2 Teel. Glutamat
(evtl. weglassen).

家常牛肉

- Fleisch in dünne Scheiben schneiden.
- Sellerie und Porree putzen, abspülen und den Sellerie in 3 cm lange Stücke, den Porree in 4 cm lange Streifen schneiden.
- Ingwer schälen, fein hacken und in einem Topf in zwei Eßlöffel heißem Öl andünsten.
- Fleisch zufügen und etwa fünf Minuten unter Rühren anbraten. Herausnehmen und warm stellen.
- Sellerie, Porree und Erbsen im selben Topf im restlichen Öl anbraten. Mit Sakewein, Sojasoße, Pfeffer, Sambal oelek, Zucker und Essig würzen und vier Minuten weiterdünsten.
- Das angebratene Fleisch zufügen.
- Speisestärke und drei Eßlöffel Wasser verrühren. Zufügen, aufkochen lassen und mit Sesamöl und Glutamat abschmecken.

Pro Portion ca. 475 Kalorien

Manchmal sind die äußeren Stangen vom Staudensellerie sehr faserig. Die Fäden lassen sich mit Hilfe eines Küchenmessers aber gut abziehen.

RINDERFILET MIT WASSERKASTANIEN

2 Portionen
250 g Rinderfilet,
1 1/2 Teel. Zucker,
2 Teel. Speisestärke,
3 Eßl. Sojasoße,
1 Eßl. Sakewein,
1 Eßl. Sesamöl,
frisch gemahlener Pfeffer,
150 g Wasserkastanien aus der Dose,
je 1 rote und grüne Paprikaschote,
1 Möhre,
1 Stück Ingwer (etwa 1,5 cm),
2 Knoblauchzehen,
3 Eßl. Öl,
75 ccm Fleischbrühe,
Salz.

醬爆牛丁

- Fleisch in dünne Scheiben schneiden und mit je einem Teelöffel Zucker und Stärke, zwei Eßlöffel Sojasoße, Sakewein, Sesamöl und Pfeffer vermischen. 30 Minuten ziehen lassen.
- Wasserkastanien abtropfen lassen. Paprikaschoten putzen, abspülen und in Streifen schneiden. Möhre putzen und in dünne Scheiben schneiden.
- Ingwer und Knoblauch schälen und fein hacken. In einer Pfanne in zwei Eßlöffel heißem Öl anbraten.
- Fleisch aus der Marinade nehmen und zufügen. Unter ständigem Rühren etwa fünf Minuten braten. Herausnehmen und warm stellen.
- Gemüse nacheinander in derselben Pfanne im restlichen Öl andünsten. Brühe und die übriggebliebene Fleischmarinade zugießen und alles etwa vier Minuten dünsten.
- Mit restlichem Zucker, Sojasoße und Salz abschmecken.
- Restliche Speisestärke und zwei Eßlöffel Wasser verrühren und zum Fleisch und Gemüse geben. Noch einmal aufkochen lassen.

Pro Portion ca. 570 Kalorien

GEKOCHTER REIS

4-6 Portionen
500 g spitzer Langkornreis.

米飯

- Reis zwei- bis dreimal gründlich unter fließendem kaltem Wasser abspülen. Das geht am besten auf einem Sieb.
- Reis und einen Liter kaltes Wasser in einen Topf geben und bei großer Hitze zum Kochen bringen. Zwei bis drei Minuten sprudelnd kochen lassen.
- Wenn sich an der Oberfläche kraterförmige Löcher gebildet haben, die Hitze herunterschalten und den Reis im geschlossenen Topf ohne umzurühren bei kleiner Hitze etwa 20 Minuten gar dünsten.
- Vor dem Servieren fünf Minuten ruhenlassen.

Tip: Wenn Sie chinesischen Reis (Rundkorn) verwenden, brauchen Sie nur etwa 600 ccm Wasser. Gekocht wird er so wie Langkornreis.
Eine Tasse ungekochter Reis ergibt drei Tassen gekochten Reis.

RINDERLEBERROLLEN MIT LYCHEES

2 Portionen
3 flache Scheiben Rinderleber à etwa 150 g,
je 3 Eßl. Sakewein und Sojasoße,
2 Teel. Sesamöl,
1/2 Teel. Sambal oelek,
frisch gemahlener Pfeffer,
1 Dose Lychee-Früchte (Einwaage 240 g),
9 Scheiben Frühstücksspeck (Bacon),
3 Eßl. Öl,
1 Eßl. Barbecue-Soße,
Schnittlauch.

肝炒荔枝

- Leber abspülen, trockentupfen und in eine Schüssel legen.
- Sakewein, Sojasoße, Sesamöl, Sambal oelek und Pfeffer verrühren. Über die Leber gießen und etwa 30 Minuten durchziehen lassen.
- Lychees abtropfen lassen, den Saft auffangen.
- Leber aus der Marinade nehmen. Jede Scheibe mit drei Scheiben Speck belegen. Aufrollen, mit Holzspießchen zusammenstecken und in dünne Scheiben schneiden.
- Leberscheiben in einer Pfanne im heißen Öl von beiden Seiten anbraten.
- Lychees, 75 ccm Lycheesaft und Barbecue-Soße zufügen und aufkochen. Mit Schnittlauchröllchen bestreuen.

Pro Portion ca. 720 Kalorien

So sind Schnittlauchröllchen schnell fertig: Abgespülte Halme zusammen in die Hand nehmen und mit einer Küchenschere über dem fertigen Gericht kleinschneiden.

VEGETARISCHE

素菜

Gebratener Tofu mit acht Zutaten (Rezept Seite 64)

GERICHTE

GEBRATENER TOFU MIT ACHT ZUTATEN

2 Portionen
2 getrocknete Tung-Ku-Pilze,
250 g Tofu,
3 Eßl. Sojasoße,
frisch gemahlener weißer Pfeffer,
3 Eßl. Sakewein,
1 grüne Paprikaschote,
100 g Chinakohl,
1 Möhre,
4 Eßl. Öl,
50 g TK-Erbsen,
50 g Shrimps ohne Kopf und Schale,
1/2 Teel. Sambal oelek,
1 Eßl. Barbecue-Soße,
150 ccm Gemüsebrühe,
1 Teel. Speisestärke,
2 Eßl. ungesalzene Erdnußkerne,
Glutamat (evtl. weglassen),
Sesamöl.

Foto Seite 62/63

八寶豆腐

- Pilze 15 Minuten in warmem Wasser einweichen.
- Tofu in Scheiben schneiden und mit zwei Eßlöffel Sojasoße, Pfeffer und einem Eßlöffel Sakewein vermischen. Ziehen lassen.
- Inzwischen Paprikaschote und Chinakohl putzen, abspülen und in schmale Streifen schneiden.
- Möhre schälen und fein würfeln.
- Tofu im Wok oder in einer Pfanne in zwei Eßlöffel heißem Öl braun braten. Herausnehmen und beiseite stellen.
- Restliches Öl erhitzen und Paprika, Möhrenwürfel und Erbsen nacheinander anbraten. Unter Rühren alles fünf Minuten weiterbraten.
- In Streifen geschnittene Pilze, Chinakohl und Shrimps zufügen und anbraten. Mit restlichem Sakewein, Sojasoße, Sambal oelek und Barbecue-Soße würzen. Fünf Minuten dünsten.
- Brühe zugießen und aufkochen lassen.
- Speisestärke und zwei Eßlöffel kaltes Wasser verrühren. Zum Gemüse geben und aufkochen lassen. Erdnußkerne und Tofu unterheben.
- Mit Glutamat oder Salz und Sesamöl abschmecken.

Dazu: Reis

Pro Portion ca. 465 Kalorien

Tip: Wenn dieses Gericht ganz vegetarisch sein soll, können Sie die Shrimps weglassen oder durch Champignonviertel ersetzen.

GEFÜLLTE SEETANGBLÄTTER

4 Portionen
2 Tassen gekochter Reis,
1/2 Eßl. Essig,
1/2 Eßl. Zucker,
Salz,
Glutamat (evtl. weglassen),
frisch gemahlener weißer Pfeffer,
250 g Tofu,
1 Eßl. Sakewein,
4 Eßl. dunkle Sojasoße,
je 1 rote, grüne und gelbe Paprikaschote,
1 Möhre,
2 Eier,
1 Eßl. helle Sojasoße,
4 Eßl. Öl,
6 Eßl. Gemüsebrühe,
1 Eßl. Sesamsaat,
1 Teel. Speisestärke,
4 Seetangblätter
(gibt's im Chinaladen; ersatzweise Chinesische Omeletts, Rezept siehe Seite 44);
Petersilie zum Garnieren.

紫菜飯捲

- Reis mit Essig, Zucker, Salz, Glutamat und Pfeffer vermischen. Warm stellen.
- Tofu mit Sakewein und zwei Eßlöffel dunkler Sojasoße vermischen. Ziehen lassen.
- Inzwischen Paprika putzen, abspülen und in Streifen schneiden. Möhre schälen und in 3 cm lange Streifen schneiden.
- Eier und helle Sojasoße verrühren und in zwei Eßlöffel heißem Öl zu einem Omelett backen. Herausnehmen, kurz abkühlen lassen und in Streifen schneiden.
- Restliches Öl erhitzen und den Tofu darin anbraten. Möhre und Paprika nacheinander zufügen und unter Rühren weiterbraten. Brühe, Pfeffer, restliche dunkle Sojasoße und Sesamsaat zufügen.
- Speisestärke und zwei Eßlöffel kaltes Wasser verrühren und das Gemüse damit binden. Beiseite stellen.
- Je ein Seetangblatt auf einer Bastmatte (gibt's im Chinaladen; ersatzweise geht's mit einem doppelt gelegten Küchentuch) ausbreiten. Jeweils eine Hälfte mit einer halben Tasse Reis, einem Viertel des Tofu-Gemüses und mit einem Viertel der Eierstreifen belegen. Das Blatt mit Hilfe der Bastmatte wie eine Biskuitrolle aufrollen.
- Die Rollen schräg in 3 cm dicke Scheiben schneiden und auf einer vorgewärmten Platte anrichten. Mit Petersilie dekorieren.

Pro Portion ca. 430 Kalorien

CURRY-TOFU MIT DICKEN BOHNEN

2 Portionen
250 g Tofu,
1 1/2 Eßl. Sojasoße,
Salz,
1/2 Teel. Glutamat (evtl. weglassen),
1 Teel. Zucker,
1 rote Pfefferschote,
1 Eßl. fermentierte schwarze Bohnen,
3 Eßl. Öl,
150 g TK-Dicke Bohnen,
1 Teel. Curry,
150 ccm Gemüsebrühe,
1 Teel. Speisestärke,
Sesamöl.

咖哩豆腐

- Tofu in große Würfel schneiden und mit Sojasoße, einem halben Teelöffel Salz, Glutamat und Zucker vermischen.
- Pfefferschote der Länge nach halbieren, Kerne herauskratzen und die Schote in Streifen schneiden (dabei mit Gummihandschuhen arbeiten, siehe Seite 81).
- Schwarzbohnen auf ein Sieb geben und gründlich abspülen. Abtropfen lassen.
- Tofu in zwei Eßlöffel heißem Öl in einer Pfanne scharf anbraten.
- Herausnehmen.
- Pfefferschote im restlichen Öl anbraten. Aufgetaute dicke Bohnen zufügen und fünf Minuten weiterbraten.
- Schwarzbohnen, Curry, Brühe und den vorgebratenen Tofu zufügen. Zugedeckt bei kleiner Hitze etwa zehn Minuten dünsten.
- Speisestärke und zwei Eßlöffel kaltes Wasser verrühren und zum Gemüse geben. Einmal aufkochen lassen und mit Sesamöl abschmecken.

Pro Portion ca. 380 Kalorien

Dazu: Reis

EINGELEGTES SZETSCHUAN-GEMÜSE

6 Portionen als Beilage
1/2 kleiner Weißkohl (350 g),
1 kleiner weißer Rettich (etwa 250 g),
1 mittelgroße Möhre,
2 rote Pfefferschoten,
1 Stück Ingwer (etwa 3 cm),
3 Eßl. Sakewein,
2 Teel. Szetschuan-Pfeffer oder schwarze Pfefferkörner,
3 Eßl. Salz.

四川泡菜

- Vom Kohl die äußeren welken Blätter entfernen. Kohl in Streifen schneiden.
- Rettich und Möhre schälen und in dünne Scheiben schneiden.
- Pfefferschoten der Länge nach halbieren, Kerne herauskratzen und die Schoten in Streifen schneiden (dabei mit Gummihandschuhen arbeiten, siehe Seite 81).
- Ingwer schälen und fein hacken. Mit etwa einem Liter aufgekochtem und auf 55 Grad abgekühltem Wasser, Sakewein, Pfefferkörnern und drei Eßlöffel Salz verrühren.
- Über das vermischte Gemüse geben und alles in einen Steintopf oder einen Glasbehälter füllen.
- Mit einem sauberen Teller abdecken und mit einem Stein oder einer vollen Konservendose beschweren.
- Bei Zimmertemperatur sieben Tage gären lassen. Danach im Kühlschrank aufbewahren. Paßt als Beilage zu fast allen chinesischen Gerichten.

Pro Portion ca. 30 Kalorien

GEBRATENER KOHL MIT MU-ERR-PILZEN

2 Portionen
3 getrocknete Mu-Err-Pilze,
1 mittelgroße Möhre (50 g),
1/2 kleiner Weißkohl (350 g),
1 rote Pfefferschote,
2 Knoblauchzehen,
2 Eßl. Öl,
je 2 Eßl. dunkle Sojasoße
und Sakewein,
75 ccm Gemüsebrühe,
Salz,
frisch gemahlener weißer Pfeffer,
Glutamat (evtl. weglassen),
Sesamöl.

炒椰菜

- Pilze 15 Minuten in warmem Wasser einweichen. Abtropfen lassen und in Streifen schneiden.
- Möhre schälen und in Scheiben schneiden.
- Die äußeren welken Blätter vom Kohl ablösen, harten Strunk entfernen und den Kohl in Streifen schneiden.
- Pfefferschote der Länge nach halbieren, Kerne herauskratzen und die Schote in Streifen schneiden (dabei mit Gummihandschuhen arbeiten, siehe Seite 81).
- Knoblauch abziehen, in dünne Scheiben schneiden und zusammen mit der Pfefferschote in einer Pfanne im heißen Öl anbraten.
- Möhre, Kohl und Pilze nacheinander zufügen und alles unter ständigem Rühren etwa fünf Minuten braten.
- Sojasoße, Sakewein, Brühe, Salz und Pfeffer zufügen, aufkochen lassen und acht Minuten dünsten. Ab und zu umrühren.
- Mit Glutamat oder Salz und etwas Sesamöl abschmecken.

Pro Portion ca. 200 Kalorien

Dazu: Reis

BUDDHISTISCHER KLOSTERSALAT

2 Portionen als Vorspeise oder kleines Hauptgericht
250 g Tofu,
1 kleine Zwiebel,
100 g Sojasprossen aus der Dose,
je 1 rote und gelbe Paprikaschote,
1 Dose Champignons
(Abtropfgewicht 230 g),
1 Knoblauchzehe,
1/2 Eßl. Sesamsaat;
Soße:
1 Teel. Zucker,
3 Eßl. Sojasoße, Salz,
frisch gemahlener weißer Pfeffer,
1/4 Teel. Sesamöl,
2 Eßl. Essig,
3 Eßl. Öl,
1 Eßl. Sakewein;
1 Bund Schnittlauch.

凉拌豆腐

- Tofu würfeln.
- Zwiebel abziehen und in kleine Stücke schneiden.
- Sojasprossen auf einem Sieb abtropfen lassen.
- Paprikaschoten putzen, abspülen und in kleine Würfel schneiden (siehe Foto Seite 52).
- Die Champignons abtropfen lassen.
- Knoblauch abziehen, zerdrücken und in einer großen Schüssel mit den Salatzutaten und Sesamsaat vermischen.
- Aus Zucker, Sojasoße, Salz, Pfeffer, Sesamöl, Essig, Öl und Sakewein eine Salatsoße rühren und über die Salatzutaten gießen. Eine Stunde durchziehen lassen. Zwischendurch einmal umrühren.
- Zum Servieren mit Schnittlauchröllchen bestreuen.

Pro Portion ca. 350 Kalorien

Gemüse-Risotto

GEMÜSE-RISOTTO

2 Portionen
100 g Zuckerschoten
(ersatzweise 100 g TK-Erbsen),
Salz,
75 g Bambussprossen aus der Dose,
1 Fleischtomate,
1 Zwiebel,
1 grüne Paprikaschote,
1 Stück Ingwer (etwa 1 cm),
3 Eßl. Öl,
frisch gemahlener weißer Pfeffer,
1/4 Teel. scharfer Curry,
1/4 Teel. Rosenpaprika,
100 g Ananasstücke aus der Dose,
3 Eßl. Sojasoße,
2 Eßl. Sakewein,
150 ccm Gemüsebrühe,
1 Messerspitze Sambal oelek,
2 Tassen gekochter Langkornreis,
Glutamat (evtl. weglassen),
1/2 Teel. Sesamöl.

蔬菜炒飯

- Zuckerschoten an beiden Enden knapp abschneiden und in sprudelnd kochendem Salzwasser zwei Minuten kochen. Abtropfen lassen. (Ersatzweise TK-Erbsen auftauen lassen.)
- Bambussprossen in Streifen schneiden.
- Tomate abspülen, Blütenansatz herausschneiden und die Tomate in große Würfel schneiden.
- Zwiebel und Paprika putzen, abspülen und in Streifen schneiden.
- Ingwer schälen und fein hacken. Im heißen Öl anbraten. Paprika und Zwiebel zufügen und mit Salz, Pfeffer, Curry und Paprika scharf würzen. Etwa fünf Minuten braten.
- Zuckerschoten (oder Erbsen), Tomatenwürfel, Bambussprossen und Ananas nacheinander zufügen.
- Sojasoße, Sakewein, Brühe und Sambal oelek zugeben, aufkochen und bei kleiner Hitze im geschlossenen Topf etwa fünf Minuten dünsten.
- Reis unterheben und noch einmal aufkochen lassen.
- Mit Glutamat oder Salz und Sesamöl abschmecken.

Pro Portion ca. 680 Kalorien

Meist werden nur kleine Mengen Ingwer gebraucht. Deshalb Scheiben oder Stücke von der Knolle abschneiden, schälen und den Rest im Gemüsefach des Kühlschrankes aufbewahren.

GERÄUCHERTER TOFU

2 Portionen
125 g geräucherter Tofu,
3 Eßl. dunkle Sojasoße,
3 Eßl. Sakewein,
frisch gemahlener weißer Pfeffer,
3 getrocknete Mu-Err-Pilze,
50 g Glasnudeln,
400 g Chinakohl,
1 Lauchzwiebel,
1 rote Pfefferschote,
4 Eßl. Öl,
50 g TK-Erbsen,
1/4 Teel. Curry,
1/4 Teel. Sambal oelek,
150 ccm Gemüsebrühe,
1 Teel. Speisestärke, Sesamöl.

白菜豆腐

- Tofu in Streifen schneiden und mit je einem Eßlöffel Sojasoße, Sakewein und etwas Pfeffer verrühren. 15 Minuten stehenlassen.
- Pilze und Glasnudeln getrennt 15 Minuten in warmem Wasser einweichen.
- Chinakohl auseinandernehmen. Blätter abspülen, trokkentupfen und in Scheiben schneiden.
- Lauchzwiebel putzen, abspülen und mit dem Grün in 3 cm lange Stücke schneiden.
- Pilze abtropfen lassen und in Streifen schneiden.
- Glasnudeln abtropfen lassen und in kurze Stücke schneiden.
- Pfefferschote der Länge nach halbieren, Kerne herauskratzen und die Schote in Streifen schneiden (dabei mit Gummihandschuhen arbeiten, siehe Seite 81).
- In zwei Eßlöffel heißem Öl anbraten. Tofuwürfel zufügen und ebenfalls kurz anbraten. Herausnehmen und beiseite stellen.
- Restliches Öl erhitzen und die Lauchzwiebel darin anbraten. Erbsen, Chinakohl und Pilze nacheinander zufügen und unter Rühren anbraten.
- Restliche Sojasoße und Sakewein, Curry und Sambal oelek zufügen und bei mittlerer Hitze etwa zehn Minuten dünsten.
- Glasnudeln, Tofu und Brühe zufügen.
- Speisestärke und zwei Eßlöffel kaltes Wasser verrühren und das Gemüse damit andicken.
- Mit etwas Sesamöl abschmecken.

Pro Portion ca. 390 Kalorien

Dazu: Reis

RÜHREIER MIT MU-ERR-PILZEN

2 Portionen
3 getrocknete Mu-Err-Pilze,
3 mittelgroße Tomaten,
2 große Eier,
Salz,
4 Eßl. Öl,
50 g TK-Erbsen,
1 Teel. Zucker,
2 Eßl. dunkle Sojasoße,
frisch gemahlener weißer Pfeffer,
Glutamat (evtl. weglassen),
6 Eßl. Gemüsebrühe.

番茄炒蛋

- Pilze 15 Minuten in warmem Wasser einweichen.
- Tomaten mit kochendem Wasser überbrühen. Haut abziehen (Foto) und die Tomaten in große Stücke teilen.
- Eier mit etwas Salz verrühren. In zwei Eßlöffel heißem Öl zu einem Rührei braten. Sobald das Ei gestockt ist, in kleine Stücke zerpflücken und warm stellen.
- Pilze abspülen und in Streifen schneiden. Zusammen mit den Erbsen im restlichen Öl anbraten. Bei kleiner Hitze zehn Minuten dünsten.
- Tomaten zufügen und mit Zucker, Sojasoße, Pfeffer, Glutamat und Salz würzen.
- Brühe zufügen und noch fünf Minuten bei mittlerer Hitze kochen.
- Vor dem Servieren Rührei unterheben.

Pro Portion ca. 280 Kalorien

Dazu: Reis

Tip: Rühreier sollten gut durchgebraten, also nicht mehr flüssig sein.

Tomaten mit kochendem Wasser überbrühen, je nach Festigkeit eine bis drei Minuten im Wasser liegen lassen und die Haut mit einem spitzen Messer abziehen.

SOJASPROSSENSALAT MIT GLASNUDELN

2 Portionen
50 g Glasnudeln,
300 g Sojasprossen,
je 1 Lauchzwiebel und Möhre,
3 Eßl. Weißweinessig,
Salz,
1 Teel. Zucker,
1 Teel. Sesamöl,
1 Teel. Edelsüß-Paprika,
3 Eßl. Sojasoße,
1 Eßl. Öl.

凉拌粉絲豆芽

- Glasnudeln mit kochendem Wasser übergießen und fünf Minuten stehenlassen.
- Abtropfen lassen und in kurze Streifen schneiden.
- Sojasprossen drei Minuten in sprudelnd kochendem Wasser kochen.
- Auf ein Sieb gießen, kalt abspülen und abtropfen lassen.
- Lauchzwiebel putzen, abspülen und in Ringe schneiden.
- Möhre schälen und am besten auf einem Gemüsehobel fein raspeln.
- Lauchzwiebelringe, Essig, Salz, Zucker, Sesamöl, Paprika, Sojasoße und Öl in einer großen Schüssel verrühren.
- Die vorbereiteten Salatzutaten unterheben und 30 Minuten durchziehen lassen.

Pro Portion ca. 265 Kalorien

Sojasprossen müssen blanchiert werden

Sojasprossen dürfen nicht roh verwendet werden, weil sie unverträgliche Stoffe enthalten. Deshalb Sojasprossen für Salat immer eine Minute in sprudelndem Wasser kochen lassen und kalt abspülen. Sprossen aus der Dose sind gekocht und deshalb so zu verwenden.
Wenn Sie Sojasprossen für ein heißes Gericht verwenden, genügt es, sie auf einem Sieb abzuspülen.

GEBRATENE ZUCCHINI MIT AUBERGINEN

2 Portionen
1 Aubergine (250 g),
200 g Zucchini,
je 1 rote und gelbe Paprikaschote,
4 Knoblauchzehen,
3 Eßl. Öl,
1 Teel. Edelsüß-Paprika,
Salz,
frisch gemahlener schwarzer Pfeffer,
3 Eßl. Sojasoße,
3 Eßl. Sakewein,
150 ccm Gemüsebrühe,
Sesamöl.

節瓜炒茄子

- Das Gemüse putzen, waschen und in feine Streifen schneiden.
- Knoblauch abziehen und in Scheibchen schneiden.
- Im heißen Öl in einer Pfanne anbraten. Auberginen und Paprikastreifen zufügen. Mit Paprika, Salz, Pfeffer, Sojasoße und Sakewein würzen und unter Rühren fünf Minuten braten.
- Zucchini zufügen und alles noch etwa fünf Minuten im offenen Wok oder in einer Pfanne braten.
- Brühe zugießen und so lange weiterdünsten, bis das Gemüse weich ist.
- Mit Sesamöl abschmecken.

Pro Portion ca. 255 Kalorien

Dazu: Reis

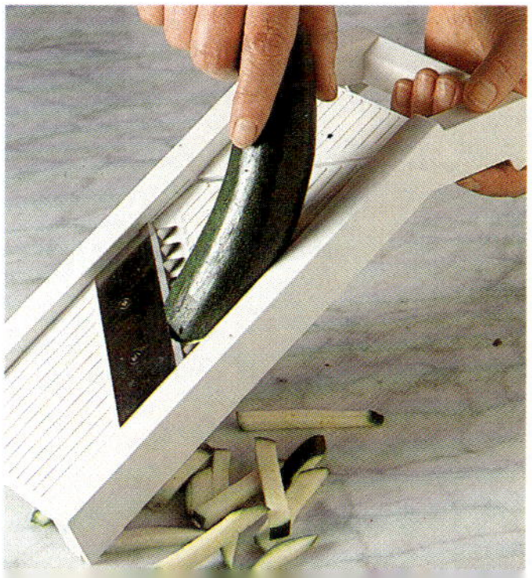

In der chinesischen Küche werden die Zutaten meist sehr fein geschnitten. Das geht gut mit einem Gemüsehobel. Für große Mengen lohnt es sich, die Küchenmaschine zu benutzen.

Gebratener Brokkoli mit Mandeln

GEBRATENER BROKKOLI MIT MANDELN

2 Portionen
2 getrocknete Tung-Ku-Pilze,
100 g Tofu,
250 g Brokkoli,
1 Lauchzwiebel,
1 Stück Ingwer (etwa 1/2 cm),
1 Knoblauchzehe,
50 g geschälte Mandeln,
3 Eßl. Öl,
frisch gemahlener weißer Pfeffer,
1 Teel. Zucker,
2 Eßl. Sakewein,
1 Eßl. Sojasoße,
1 Eßl. Austernsoße
(ersatzweise dunkle Sojasoße),
150 ccm Gemüsebrühe,
1 Teel. Speisestärke, Salz.

炒芥蘭菜

- Pilze 15 Minuten in warmem Wasser einweichen.
- Tofu in 3 cm lange Streifen schneiden.
- Brokkoli putzen, abspülen und in Röschen bzw. Stücke teilen.
- Lauchzwiebel putzen, abspülen und mit dem Grün in Streifen schneiden.
- Ingwer und Knoblauch schälen und fein hacken.
- Mandeln in einem Eßlöffel Öl leicht bräunen.
- Knoblauch und Ingwer in einer Pfanne im restlichen Öl anbraten. Zuerst Brokkoli und Lauchzwiebel, dann Tofu und in Streifen geschnittene Pilze unter Rühren zugeben.
- Mit Pfeffer, Zucker, Sakewein, Sojasoße und Austernsoße würzen und zugedeckt fünf Minuten dünsten.
- Brühe zugießen und aufkochen lassen.
- Speisestärke und zwei Eßlöffel kaltes Wasser verrühren. Zum Gemüse geben und einmal aufkochen lassen.
- Mandeln untermischen und mit Salz abschmecken.

Pro Portion ca. 420 Kalorien

Dazu: Reis

GEBRATENE GRÜNE BOHNEN MIT CHAMPIGNONS

2 Portionen
400 g grüne Bohnen (evtl. TK),
125 g Champignons,
2 Knoblauchzehen,
2 Eßl. Öl,
Salz,
2 Eßl. Sojasoße,
1 Teel. Zucker,
2 Eßl. Sakewein,
frisch gemahlener Pfeffer,
150 ccm Gemüsebrühe.

蘑菇炒四季豆

- Bohnen abspülen und an beiden Enden knapp abschneiden. (TK-Bohnen auftauen lassen.)
- Champignons putzen und halbieren.
- Knoblauch abziehen und fein hacken. Im heißen Öl in einer Pfanne anbraten. Bohnen, Salz, Sojasoße, Zucker, Sakewein und Pfeffer zufügen und unter Rühren fünf Minuten braten.
- Champignons unterheben und die Brühe zugießen. Bei kleiner Hitze noch etwa 15 Minuten dünsten, bis die Bohnen weich sind.

Pro Portion ca. 190 Kalorien

Dazu: Reis

BUNTE GEMÜSEPLATTE

2 Portionen
50 g eingelegte Salzkohlrabi aus der Dose (gibt's in Chinaläden; ersatzweise 1 Salzgurke),
1 Eßl. fermentierte Schwarzbohnen (gibt's in Chinaläden),
100 g Bambussprossen aus der Dose,
10 Wasserkastanien aus der Dose,
1 rote Paprikaschote,
100 g grüne Bohnen (evtl. TK),
3 Eßl. Öl,
Salz,
2 Eßl. Sakewein,
2 Eßl. Sojasoße,
6 Eßl. Gemüsebrühe,
1 Teel. Speisestärke,
1 Prise Glutamat (evtl. weglassen),
Sesamöl.

素什錦

- Salzkohlrabi eine Stunde in reichlich kaltes Wasser legen, abspülen und in Streifen schneiden. (Auch Gurke in Streifen schneiden.)
- Schwarzbohnen auf ein Sieb geben und mit kaltem Wasser abspülen. Abtropfen lassen.
- Bambussprossen in Scheiben schneiden. Wasserkastanien halbieren.
- Paprika putzen, abspülen und in 1 cm breite Streifen schneiden.
- Bohnen abspülen und an beiden Enden knapp abschneiden (TK-Bohnen auftauen lassen).
- Öl in einem Wok oder einer Pfanne erhitzen und zuerst nur Bohnen und Paprika fünf Minuten andünsten, anschließend Bambussprossen, Wasserkastanien, Salzkohlrabi und Schwarzbohnen zugeben. Salzen, dann Sakewein, Sojasoße und Brühe zugießen.
- Bei mittlerer Hitze noch fünf Minuten dünsten.
- Inzwischen Speisestärke und zwei Eßlöffel kaltes Wasser verrühren. Zum Gemüse geben, umrühren und aufkochen lassen.
- Das Gemüse mit Glutamat oder Salz und etwas Sesamöl abschmecken.

Pro Portion ca. 290 Kalorien

Dazu: Reis

Flüssigkeiten abmessen

In den Rezepten dieses Buches werden häufig kleine Mengen Flüssigkeit gebraucht, zum Beispiel 75 oder 150 ccm Brühe. Wenn Sie keinen Meßbecher mit genauer Kubikzentimeter- oder Millilitereinteilung haben, legen Sie sich am besten eine Babyflasche zu. Hier haben Sie bis zu einem Viertelliter eine genaue Skaleneinteilung in 10 ccm-Schritten. Das ist nicht nur für Chinarezepte praktisch!

SPARGEL MIT TUNG-KU-PILZEN UND BAMBUSSPROSSEN

2 Portionen
2 getrocknete Tung-Ku-Pilze,
500 g Spargel,
2 Lauchzwiebeln,
75 g Bambussprossen aus der Dose,
3 Eßl. Öl,
2 Eßl. Hoisin-Soße,
3 Eßl. Sakewein,
150 ccm Gemüsebrühe,
Salz,
frisch gemahlener weißer Pfeffer,
1 Teel. Speisestärke,
Glutamat (evtl. weglassen),
Sesamöl.

蘆筍炒冬菇

- Pilze 15 Minuten in warmem Wasser einweichen.
- Spargel schälen und in 3 cm lange Stücke schneiden.
- Lauchzwiebeln putzen, abspülen und mit dem Grün ebenfalls in 3 cm lange Stücke schneiden.
- Bambussprossen abtropfen lassen.
- Lauchzwiebeln im heißen Öl anbraten. Spargel zufügen und unter Rühren fünf Minuten braten.
- In Streifen geschnittene Pilze, Bambussprossen, Hoisin-Soße, Sakewein und Brühe zufügen und mit Salz und Pfeffer würzen. Zugedeckt etwa zwölf Minuten dünsten.
- Speisesestärke und zwei Eßlöffel kaltes Wasser verrühren. Zum Gemüse geben und einmal aufkochen lassen.
- Mit Salz oder Glutamat und etwas Sesamöl abschmecken.

Pro Portion ca. 220 Kalorien

Dazu: Reis

GEBRATENE SOJASPROSSEN MIT EIWEISS

2 Portionen
2 Eiweiß,
Salz,
Glutamat (evtl. weglassen),
500 g Sojasprossen,
1 kleine Möhre,
1 Lauchzwiebel,
1 Knoblauchzehe,
1 Stück Ingwer (etwa 1 cm),
4 Eßl. Öl,
6 Eßl. Gemüsebrühe,
1/4 Teel. Zucker,
1 Eßl. Sakewein,
1 Messerspitze Sambal oelek,
je 1 Eßl. Sojasoße
und Barbecue-Soße,
Sesamöl.

豆芽炒蛋白

- Eiweiß, Salz und Glutamat verrühren.
- Sojasprossen mit kochendem Wasser übergießen. Auf einem Sieb kalt abspülen.
- Möhre schälen und raspeln.
- Lauchzwiebel putzen, abspülen und mit dem Grün in Streifen schneiden.
- Feingehackten Knoblauch und Ingwer in zwei Eßlöffel heißem Öl in einer Pfanne anbraten. Lauchzwiebel und Sojasprossen zufügen. Bei starker Hitze zwei Minuten braten.
- Möhrenraspel, Brühe, Salz, Zucker, Sakewein, Sambal oelek, Sojasoße und Barbecue-Soße zufügen und zwei Minuten weiterbraten.
- Restliches Öl in eine beschichtete Pfanne geben. Verrührtes Eiweiß zufügen und von beiden Seiten zu einem Pfannkuchen backen. In kleine Stücke teilen.
- Das Gemüse mit Sesamöl und Glutamat oder Salz abschmecken.
- Auf einer Platte anrichten und mit den Pfannkuchenstückchen garnieren.

Pro Portion ca. 395 Kalorien

Dazu: Reis

超

Honigrippchen mit Ananas
(Rezept Seite 80)

猪肉

SCHWEINEFLEISCH

HONIGRIPPCHEN MIT ANANAS

2 Portionen
1 kg Schweinerippchen (Spareribs),
je 3 Eßl. Sojasoße, Honig,
Rotweinessig und Sakewein,
je 2 Eßl. Hoisin-Soße und Zucker,
3 Knoblauchzehen,
frisch gemahlener Pfeffer,
1 Teel. Rosenpaprika,
1 Dose Ananasstücke
(Abtropfgewicht 340 g),
2 Eßl. Öl,
Petersilie.

Foto Seite 78/79

菠蘿排骨

- Rippchen abspülen, trockentupfen und in mundgerechte Stücke schneiden (eventuell vom Fleischer machen lassen). Jedes Stück auf beiden Seiten einmal tief einschneiden, damit die Marinade besser einziehen kann.
- Sojasoße, Honig, Essig, Sakewein, Hoisin-Soße, Zucker, abgezogene und feingehackte Knoblauchzehen, Pfeffer und Paprika zu einer Marinade verrühren.
- Rippchen nebeneinander in eine ofenfeste Form legen und mit der Marinade begießen. Eine Stunde ziehen lassen.
- Ananas abtropfen lassen.
- Form mit den Rippchen in den auf 200 Grad/Umluft 170 Grad/Gas Stufe 3 vorgeheizten Backofen schieben und etwa 45 Minuten braten. Zwischendurch immer wieder mit der Marinade begießen und mit Öl bestreichen.
- Ananas zufügen und noch zehn Minuten weiterbraten.
- Mit Petersilie garnieren.

Pro Portion ca. 705 Kalorien

MARINIERTE FLEISCHSPIESSE

4 Portionen
Je 350 g Schweineschnitzel
und Hähnchenbrustfilet,
3 Knoblauchzehen,
75 ccm Sojasoße,
1 Teel. Sambal oelek,
frisch gemahlener Pfeffer,
100 ccm Sakewein,
1 Bund Lauchzwiebeln,
250 g Champignons,
4 Eßl. Öl,
1 Eßl. Barbecue-Soße,
3 Eßl. Kokosraspel,
Sesamöl.

蘑菇串肉

- Fleisch in 2 cm große Würfel schneiden. Knoblauch abziehen, zerdrücken und mit Sojasoße, Sambal oelek, Pfeffer und drei Eßlöffel Sakewein verrühren. Über das Fleisch gießen und 30 Minuten durchziehen lassen.
- Inzwischen Lauchzwiebeln putzen und in 2 cm lange Stücke schneiden. Champignons putzen und in große Scheiben schneiden.
- Abwechselnd beide Fleischsorten, Lauchzwiebeln und Champignons auf Schaschlikspieße ziehen, dabei die Zutaten fest zusammendrücken.
- Spieße in einer großen Pfanne in zwei Eßlöffel heißem Öl rundherum braun braten. Das dauert etwa zehn Minuten. (Eventuell in zwei Portionen braten. Dann die erste Portion im Backofen oder in Alufolie verpackt warm halten.)
- Nebenbei das restliche Gemüse (es paßt nicht alles auf die Spieße) im restlichen Öl andünsten.
- Übriggebliebene Marinade, restlichen Sakewein, Barbecue-Soße und Kokosraspel zufügen, aufkochen und mit etwas Sesamöl abschmecken.
- Fleischspieße und Soße auf einer vorgewärmten Platte anrichten.

Pro Portion ca. 390 Kalorien

SCHWEINEFLEISCH MIT WEISSKOHL

2 Portionen
1 Stück Ingwer (etwa 2 cm),
1 Lauchzwiebel,
300 g Schweinefleisch (Keule),
150 g Weißkohl,
1 grüne Paprikaschote,
125 g Sojasprossen aus der Dose,
2 rote Pfefferschoten,
2 Eßl. Öl,
2 Knoblauchzehen,
75 ccm Fleischbrühe,
1 Teel. Zucker,
1 Eßl. Hoisin-Soße,
Salz,
2 Eßl. Sakewein,
1 Eßl. Sojasoße,
2 Teel. Speisestärke.

回鍋肉

▮ Geschälten Ingwer, geputzte Lauchzwiebel und Fleisch in einem Topf mit einem Liter Wasser 15 Minuten kochen.

▮ Inzwischen Kohl und Paprikaschote putzen, abspülen und in Streifen schneiden. Sojasprossen abspülen und abtropfen lassen.

▮ Pfefferschoten der Länge nach aufschlitzen, Kerne entfernen und die Schoten kleinschneiden (dabei mit Gummihandschuhen arbeiten, siehe Kasten unten).

▮ Öl in einem Wok erhitzen und zerdrückten Knoblauch und Pfefferschoten kurz anbraten. Kohl, Paprikaschote und Sojasprossen nacheinander zufügen und ebenfalls anbraten.

▮ Fleischbrühe zugießen und alles mit Zucker, Hoisin-Soße, Salz, Sakewein und Sojasoße würzen.

▮ Fleisch aus der Brühe nehmen und in Scheiben schneiden. Unter das Gemüse geben.

▮ Speisestärke und drei Eßlöffel Wasser verrühren und das Gericht damit andicken.

Pro Portion ca. 370 Kalorien

Scharfe Schoten

Chilischoten sondern eine scharfe Säure ab, die empfindliche Haut verletzen kann (es können richtige kleine Verbrennungen entstehen). Deshalb beim Arbeiten mit den scharfen Schoten lieber Gummihandschuhe anziehen, zumindest aber die Hände sofort nach dem Umgang mit Chilis gründlich waschen.

SCHWEINEFLEISCH SÜSS-SAUER

2 Portionen
300 g Schweinefleisch (Nacken, Filet oder Schnitzelfleisch),
1 Eßl. Sojasoße,
3 Eßl. Sakewein, Salz,
2 rote Paprikaschoten,
1 Bund Lauchzwiebeln,
1 Möhre,
150 g Ananasstücke aus der Dose,
3 Eßl. Öl;
Soße:
je 2 Eßl. Essig,
Zucker, Sojasoße, Sakewein,
6 Eßl. Ananassaft (aus der Dose),
3 Eßl. Tomatenketchup,
1 Eßl. Speisestärke.

糖醋猪肉

- Fleisch würfeln und mit Sojasoße, Sakewein und Salz vermischen. 30 Minuten ziehen lassen.
- Paprikaschoten putzen, spülen und in Streifen schneiden.
- Lauchzwiebeln putzen, abspülen und in Ringe, geschälte Möhre in Scheiben schneiden. Ananas abtropfen lassen (Saft auffangen).
- Zwei Eßlöffel Öl in einem Wok erhitzen und das Fleisch unter Wenden etwa sechs Minuten darin anbraten. Herausnehmen und warm stellen.
- Gemüse in restlichem Öl im Wok etwa fünf Minuten anbraten. Soßenzutaten, bis auf die Speisestärke, zufügen und aufkochen.
- Speisestärke und etwas Wasser verrühren und das Gemüse damit andicken. Fleisch wieder zufügen, einmal aufkochen lassen und mit Salz und Sojasoße würzen.

Pro Portion ca. 550 Kalorien

Abwandlung: Fleisch fritieren Dafür 100 g Mehl, 100 ccm Wasser, ein Ei und eine Prise Salz verrühren. Marinierte Fleischwürfel in den Teig tauchen und in einer Friteuse in heißem Fett (siehe Kasten) schwimmend goldbraun fritieren. Unter das im Wok angebratene Gemüse heben.

Welches Fett zum Fritieren?

Zum Fritieren eignet sich am besten Kokosfett oder geschmacksneutrales Öl mit einem hohen Rauchpunkt, zum Beispiel Maiskeim-, Soja- oder Erdnußöl. Butter und Margarine eignen sich nicht, weil diese Fettsorten verbrennen, bevor sie die richtige Temperatur haben. Sie ist erreicht, wenn sich an einem ins Fett getauchten Holzlöffelstiel kleine Bläschen bilden. Wenn Sie eine Friteuse benutzen, richten Sie sich nach der Bedienungsanleitung des Gerätes. Frühlingsrollen z. B. sollten bei etwa 190 Grad fritiert werden.

Schweinefleisch süß-sauer

SCHWEINEFLEISCH MIT BLUMENKOHL UND DICKEN BOHNEN

2 Portionen
1 Schweineschnitzel (200 g),
1 Eßl. Sojasoße,
3 Eßl. Sakewein,
2 Eßl. Speisestärke,
10 g getrocknete Mu-Err-Pilze,
1/2 Blumenkohl (etwa 250 g),
Salz,
1 Knoblauchzehe,
1 Stück Ingwer (etwa 1 cm),
2 Eßl. Öl,
150 g TK-Dicke Bohnen,
1/8 l Fleischbrühe,
frisch gemahlener Pfeffer,
1 Teel. Glutamat (evtl. weglassen),
1 Teel. Curry,
evtl. 1/2 Teel. Sambal oelek.

毛豆花菜肉

- Fleisch in feine Streifen schneiden und mit Sojasoße, zwei Eßlöffel Sakewein und einem Eßlöffel Speisestärke vermischen. Ziehen lassen.
- Inzwischen Pilze 15 Minuten in warmem Wasser einweichen.
- Blumenkohl putzen und in Stücke teilen. Zwei Minuten in kochendes Salzwasser geben. Herausnehmen und abtropfen lassen.
- Knoblauch und Ingwer schälen und fein hacken.
- Im heißen Öl in einem Wok anbraten. Fleisch und angetaute Bohnen zufügen und unter Rühren hellbraun braten.
- Pilze abspülen und in Scheiben schneiden. Zusammen mit dem Blumenkohl und der Brühe zufügen. Vier Minuten weiterdünsten und mit restlichem Sakewein, Salz, Pfeffer, Glutamat, Curry und eventuell Sambal oelek würzen.
- Restliche Speisestärke und drei Eßlöffel Wasser verrühren. Zum Fleisch und Gemüse geben und einmal aufkochen lassen.

Pro Portion ca. 355 Kalorien

GESCHNETZELTES MIT SOJASPROSSEN

2 Portionen
50 g Glasnudeln,
200 g Schweinefleisch (Schnitzel oder Filet),
4 Eßl. Sojasoße,
2 Eßl. Sakewein
2 Eßl. Speisestärke,
250 g Sojasprossen,
1/2 Bund Lauchzwiebeln,
3 Eßl. Öl,
75 ccm Fleischbrühe,
1 Teel. Curry,
1 Teel. Glutamat (evtl. weglassen).

銀菜肉

- Glasnudeln zehn Minuten in warmem Wasser einweichen und kurz schneiden.
- Fleisch in feine Scheiben schneiden und mit zwei Eßlöffel Sojasoße, Sakewein und einem Eßlöffel Speisestärke vermischen.
- Sojasprossen abspülen und abtropfen lassen. Lauchzwiebeln putzen und in Streifen schneiden.
- Fleisch in einer Pfanne oder im Wok in zwei Eßlöffel Öl braun anbraten. Herausnehmen und warm stellen.
- Lauchzwiebeln in derselben Pfanne im restlichen Öl anbraten. Sojasprossen und Brühe zufügen und mit restlicher Sojasoße, Curry und Glutamat würzen.
- Glasnudeln und Fleisch unterheben.
- Restliche Speisestärke und drei Eßlöffel Wasser verrühren und das Gericht damit andikken. Mit Salz abschmecken.

Pro Portion ca. 460 Kalorien

GEBRATENER REIS

2 Portionen
2 Schweineschnitzel à 125 g,
125 g Champignons,
2 mittelgroße Zwiebeln,
1 Ei, Salz,
frisch gemahlener Pfeffer,
3 Eßl. Öl,
150 g TK-Erbsen,
100 g Shrimps ohne Kopf und Schale,
3 Tassen gekochter Reis,
100 ccm Fleischbrühe,
2 Eßl. Sojasoße,
1 Eßl. Sakewein,
1/2 Teel. Glutamat (evtl. weglassen),
1 Teel. Curry,
1/2 Teel. Sambal oelek,
1/2 Bund Schnittlauch.

楊州炒飯

▪ Schnitzel in 2 cm breite Streifen schneiden.

▪ Pilze putzen und in dünne Scheiben schneiden. Zwiebeln abziehen, halbieren und in „Mondform" schneiden.

▪ Ei, Salz und Pfeffer verrühren. Einen Teelöffel Öl in einer Pfanne erhitzen und Ei zugießen. Ein dünnes Omelett daraus backen und in Streifen schneiden.

▪ Fleisch im restlichen Öl in einer anderen Pfanne unter Rühren anbraten. Pilze zufügen und unter Rühren eine Minute weiterbraten. Zwiebeln, Erbsen und Shrimps zufügen und weitere drei Minuten braten. Reis und Brühe zufügen und mit Sojasoße, Sakewein, Pfeffer, Glutamat, Curry und Sambal oelek abschmecken.

▪ Mit Omelettstreifen und Schnittlauchröllchen bestreuen.

Pro Portion ca. 675 Kalorien

GEBRATENE SCHWEINEROLLEN MIT ANANAS

2 Portionen
3 Schweineschnitzel à etwa 150 g,
3 Knoblauchzehen,
3 Eßl. Sojasoße,
1 Eßl. Sesamöl,
2 Eßl. Sakewein,
1 Teel. Sambal oelek,
Salz,
frisch gemahlener Pfeffer,
1 Dose Ananas (Abtropfgewicht 340 g),
100 g Champignons,
3 Lauchzwiebeln,
9 Scheiben Frühstücksspeck (Bacon),
4 Eßl. Öl,
1 Eßl. Barbecue-Soße.

菠蘿肉

▪ Fleisch mit zerdrücktem Knoblauch einreiben und in einer Mischung aus Sojasoße, Sesamöl, Sakewein, Sambal oelek, Salz und Pfeffer marinieren.

▪ Ananas abtropfen lassen und in Stücke schneiden. Champignons und Lauchzwiebeln putzen. Pilze in Scheiben schneiden und Zwiebeln quer halbieren.

▪ Schnitzel abtropfen lassen, Marinade aufbewahren.

▪ Jedes Schnitzel mit drei Scheiben Speck und einer halbierten Lauchzwiebel belegen. Fleisch aufrollen, mit Holzspießchen feststecken und in 2 cm dicke Scheiben schneiden.

▪ In einer Pfanne in zwei Eßlöffel heißem Öl rundherum von beiden Seiten etwa fünf Minuten braun anbraten.

▪ Restliches Öl in einem Wok erhitzen und Champignons und Ananas unter ständigem Rühren anbraten.

▪ Die zurückbehaltene Marinade und Barbecue-Soße zufügen und mit Salz abschmecken. Mit den gebratenen Fleischscheiben anrichten.

Pro Portion ca. 800 Kalorien

Schweinefleisch mit Chinakohl

SCHWEINEFLEISCH MIT CHINAKOHL

2 Portionen
200 g Schweinefleisch (Schnitzel, Rücken oder Nacken),
je 3 Eßl. Sakewein und Sojasoße,
50 g Glasnudeln,
250 g Champignons,
250 g Chinakohl,
2 Eßl. Öl,
75 ccm Brühe,
Salz,
frisch gemahlener Pfeffer,
1 Teel. Glutamat (evtl. weglassen),
1 Teel. Curry,
1 Eßl. Speisestärke.

白菜蘑菇肉

- Fleisch mit Sakewein und Sojasoße vermischen und mindestens 15 Minuten ziehen lassen.
- Glasnudeln etwa zehn Minuten in warmem Wasser einweichen, abtropfen lassen und in kurze Streifen schneiden.
- Champignons putzen und halbieren. Chinakohl putzen und in Streifen schneiden.
- Fleisch und Pilze in einer Pfanne im heißen Öl unter Rühren anbraten. Chinakohl zufügen und etwa drei Minuten weiterbraten. Mit Brühe, Salz, Pfeffer, Glutamat und Curry würzen. Wenn das Gemüse weich ist, Glasnudeln unterheben.
- Speisestärke und drei Eßlöffel Wasser verrühren. Das Gericht damit andicken. Mit Salz und Pfeffer abschmecken.

Pro Portion ca. 360 Kalorien

SCHWEINEFLEISCH MIT BOHNEN

2 Portionen
400 g Schweinefleisch (Nacken oder Schnitzelfleisch),
2 1/2 Eßl. Speisestärke,
1 Ei, Salz,
frisch gemahlener Pfeffer,
1/2 Teel. Glutamat (evtl. weglassen),
2 Eßl. Zucker,
4 Eßl. Sojasoße,
5 Eßl. Öl,
250 g grüne Bohnen (evtl. TK),
100 g Wasserkastanien aus der Dose,
2 Knoblauchzehen,
1 Stück Ingwer (etwa 1,5 cm),
1/8 l Hühnerbrühe,
2 Eßl. Sakewein,
2 Teel. Sesamöl.

豆角荸薺肉

- Fleisch in dünne Streifen schneiden und mit eineinhalb Eßlöffel Speisestärke, Ei, Salz, Pfeffer, Glutamat, einem halben Teelöffel Zucker, zwei Eßlöffel Sojasoße und einem Eßlöffel Öl vermischen. 20 Minuten marinieren.
- Inzwischen Bohnen waschen, an beiden Enden knapp abschneiden und in Stücke teilen. (TK-Bohnen auftauen lassen.) Wasserkastanien abtropfen lassen und in Scheiben schneiden. Knoblauch und Ingwer schälen und fein hacken.
- In einer Pfanne in zwei Eßlöffel heißem Öl kurz anbraten. Bohnen und Wasserkastanien zufügen und mit restlicher Sojasoße, restlichem Zucker, Salz, Pfeffer, Brühe und Sakewein würzen.
- Bei kleiner Hitze etwa zehn Minuten dünsten. Aus der Pfanne nehmen und warm stellen.
- Fleisch in derselben Pfanne im restlichen Öl anbraten. Gemüse zufügen. Aufkochen lassen. Restliche Speisestärke und drei Eßlöffel Wasser verrühren und das Gericht damit andicken. Mit Sesamöl und eventuell etwas Glutamat abschmecken.

Pro Portion ca. 750 Kalorien

Szetschuan-Ente nach Hausfrauenart
(Rezept Seite 90)

鴨

ENTE

SZETSCHUAN-ENTE NACH HAUSFRAUENART

3 Portionen
1 küchenfertige Ente (etwa 2 kg),
2 Eßl. Szetschuan-Pfefferkörner,
2 Eßl. Salz,
1 Teel. Zucker,
3 Eßl. Sojasoße,
1 Teel. fünferlei Gewürzmischung (gibt's in Chinaläden),
2 – 3 Sternanis,
1 Stück Ingwer (etwa 2 cm),
1 Lauchzwiebel,
1 Ei,
70 g Mehl;
Fett zum Fritieren;
Salz-Pfeffer-Mischung:
2 Eßl. Salz,
1/2 Teel. Cayennepfeffer,
1 Eßl. Szetschuan-Pfeffer.

Foto Seite 88/89

四川鴨

- Ente abspülen, innen und außen gut trockentupfen und die Ente flachdrücken, dabei das Brustbein durchbrechen.
- Szetschuan-Pfeffer im Mörser zerstoßen und mit Salz, Zucker und Sojasoße vermischen. Die Ente innen und außen damit einreiben und etwa eine Stunde durchziehen lassen.
- Ente mit der Gewürzmischung einreiben.
- Wasser in einem Dampftopf zum Kochen bringen. Ente in eine ofenfeste Form legen. Sternanis, geschälten Ingwer und geputzte Lauchzwiebel in die Ente legen. Form auf den Dampfkorb setzen und die Ente im Wasserdampf eine bis eineinhalb Stunden garen. Eventuell zwischendurch Wasser nachfüllen. (Oder Ente auf den Rost des Backofens legen. Fettpfanne darunter mit heißem Wasser füllen und die Ente im vorgeheizten Backofen bei 175 Grad/Umluft 150 Grad/Gas Stufe 2 etwa eine Stunde vorgaren.)
- Dann Ente im Backofen bei 50 Grad eine Stunde trocknen lassen.
- Am nächsten Tag zuerst im verquirlten Ei, danach in Mehl wenden und in heißem Fett (die Temperatur ist richtig, wenn an einem eingetauchten Holzlöffelstiel kleine Bläschen aufsteigen) schwimmend goldbraun backen. Herausnehmen und auf Küchenkrepp abtropfen lassen.
- In mundgerechte Stücke schneiden. Die Zutaten für die Salz-Pfeffer-Mischung in einer Pfanne ohne Fett goldbraun rösten und zur Ente servieren.

Pro Portion ca. 950 Kalorien

Tip: Genau wie die Peking-Ente, wird die Szetschuan-Ente in China nicht, wie in unseren Rezepten beschrieben, im Backofen getrocknet, sondern an einem kühlen, luftigen Ort zum Trocknen an einem Fleischerhaken aufgehängt. Falls Sie eine kühle Speisekammer oder einen gut belüfteten Keller haben, können Sie die Ente auch zum Trocknen aufhängen (Schüssel darunter stellen, falls es tropft!). Wir haben beide Rezepte etwas vereinfacht und die Ente zum Trocknen in den warmen Backofen gegeben.

GEBRATENES ENTENFLEISCH MIT CHILISCHOTEN

3 Portionen
1 küchenfertige Ente
(etwa 1,6 kg) oder
2 Entenbrustfilets à etwa 350 g,
2 Eiweiß, Salz,
2 Eßl. Speisestärke,
5 Eßl. Sakewein,
je 1 rote und grüne Paprikaschote,
3 Lauchzwiebeln,
2 Knoblauchzehen,
1 Stück Ingwer (etwa 1 cm),
2 Chilischoten,
3 Eßl. Öl,
Zucker,
frisch gemahlener Pfeffer,
3 Eßl. Sojasoße,
75 ccm Fleischbrühe,
Sesamöl,
Glutamat (evtl. weglasssen).

什錦鴨肉

- Ente abspülen und das Fleisch von Haut und Knochen lösen. Fleisch oder Filets in Würfel schneiden. Mit Eiweiß, Salz, einem Eßlöffel Speisestärke und zwei Eßlöffel Sakewein verrühren. Etwa 30 Minuten durchziehen lassen.
- Inzwischen Paprikaschoten putzen, abspülen und in Streifen schneiden.
- Lauchzwiebeln putzen und in feine Ringe schneiden. Knoblauch und Ingwer schälen und fein hacken.
- Chilischoten längs halbieren, Kerne entfernen und die Schoten in Streifen schneiden (dabei mit Gummihandschuhen arbeiten, siehe Seite 81).
- Zusammen mit Ingwer und Knoblauch in zwei Eßlöffel Öl anbraten.
- Fleisch zufügen und unter Rühren etwa fünf Minuten weiterbraten. Herausnehmen und warm stellen.
- Paprikaschoten und Lauchzwiebeln im restlichen Öl anbraten. Restlichen Sakewein, Salz, Zucker, Pfeffer, Sojasoße und Brühe zugießen. Drei Minuten weiterdünsten.
- Fleisch wieder zufügen. Restliche Speisestärke und drei Eßlöffel Wasser verrühren und zum Fleisch und Gemüse geben. Einmal aufkochen lassen. Das Gericht mit Sesamöl und Glutamat oder Salz abschmecken.

Pro Portion ca. 735 Kalorien

GESCHMORTE ENTE

2 Portionen
3 getrocknete Mu-Err-Pilze,
1 küchenfertige Ente (etwa 1,6 kg),
2 Eßl. Hoisin-Soße,
3 Eßl. Sakewein,
Salz, frisch gemahlener Pfeffer,
1/4 Teel. getrockneter Thymian,
2 Eßl. Sojasoße,
1/2 Teel. Sesamöl,
1/2 Bund Lauchzwiebeln,
100 g Wasserkastanien
aus der Dose,
1 Stück Ingwer (etwa 1/2 cm).

紅燒鴨

- Pilze 15 Minuten in warmem Wasser einweichen.
- Ente abspülen, trockentupfen und mit der Geflügelschere in sechs bis acht mundgerechte Stücke zerlegen. In eine ofenfeste Form geben.
- Mit Hoisin-Soße, Sakewein, Salz, Pfeffer, Thymian, Sojasoße und Sesamöl vermischen und 30 Minuten marinieren.
- Pilze in Streifen, Lauchzwiebeln in Ringe schneiden.
- Wasserkastanien abtropfen lassen und in Scheiben schneiden. Zusammen mit Pilzen, Zwiebeln und dem feingehackten Ingwer zum Fleisch geben.
- Form in den auf 200 Grad/Umluft 170 Grad/Gas Stufe 3 vorgeheizten Backofen schieben und etwa eine Stunde braten. Zwischendurch ab und zu umrühren.

Pro Portion ca. 720 Kalorien

ENTENBRUSTFILETS MIT GURKENGEMÜSE

2 Portionen
2 kleine Entenbrustfilets à 300 g,
Salz,
3 Teel. Honig,
1 Teel. Essig,
1 Salatgurke,
30 g Butter,
frisch gemahlener Pfeffer,
2 Eßl. Sojasoße,
1 Lauchzwiebel.

黄瓜炒鴨肉

- Fleisch abspülen, trockentupfen und die Hautseite mit Salz einreiben.
- Eine Pfanne erhitzen und die Filets mit der Hautseite nach unten hineinlegen.
- Fleisch bei mittlerer Hitze etwa 15 Minuten braten.
- Die Filets wenden und noch etwa sechs Minuten weiterbraten.
- Honig und Essig verrühren und die Entenhaut damit bestreichen.
- Filets mit der Hautseite nach oben unter dem vorgeheizten Grill knusprig braten.
- Inzwischen Gurke schälen, der Länge nach vierteln, entkernen und in Stücke schneiden.
- In heißer Butter andünsten. Salzen, pfeffern und mit Sojasoße beträufeln.
- Lauchzwiebel putzen und mit Grün in schmale Streifen schneiden.
- Fleisch schräg in Scheiben schneiden und mit Gurkenstückchen und Zwiebelstreifen anrichten.

Pro Portion ca. 980 Kalorien

ENTE KANTONESISCHE ART

3 Portionen
1 küchenfertige Ente (etwa 1,6 kg),
oder Entenbrustfilets à 350 g,
5 Eßl. Sojasoße,
100 ccm Sakewein,
200 g Weißkohl,
200 g Bambussprossen aus der Dose,
200 g Porree,
4 Eßl. Öl,
100 g geschälte Mandeln,
1/4 l Fleischbrühe,
Salz, frisch gemahlener Pfeffer,
1 Teel. Sambal oelek,
1 Eßl. Barbecue-Soße,
1 Eßl. Speisestärke.

廣東鴨

- Ente gründlich abspülen und das Fleisch von Haut und Knochen lösen. In Streifen schneiden. Mit Sojasoße und Sakewein vermischen. 30 Minuten ziehen lassen. Zwischendurch umrühren.
- Kohl putzen und in Streifen schneiden. Bambussprossen abtropfen lassen und in Streifen schneiden. Porree putzen und in feine Ringe schneiden.
- Das abgetropfte Entenfleisch in zwei Eßlöffel heißem Öl braun anbraten. Herausnehmen, warm stellen.
- Mandeln in einem Eßlöffel Öl bräunen, dabei unbedingt am Herd stehen bleiben – die Mandeln sind schnell verbrannt. Mandeln herausnehmen.
- Kohl, Bambus und Porree nacheinander im restlichen Öl in der Fleischpfanne anbraten.
- Zurückbehaltene Entenmarinade, Brühe, Salz, Pfeffer, Sambal oelek und Barbecue-Soße zugeben. Etwa acht Minuten dünsten.
- Speisestärke und drei Eßlöffel Wasser verrühren. Das Gemüse damit andicken. Mandeln unterheben.
- Entenstreifen auf einer vorgewärmten Platte anrichten. Gemüsesoße darübergeben.

Pro Portion ca. 1095 Kalorien

Entenbrustfilets mit Gurkengemüse

PEKING-ENTE

4 Portionen
1 küchenfertige Ente (etwa 2,5 kg),
Salz,
2 Eßl. Sojasoße,
1 Stück Ingwer (etwa 0,5 cm),
1 Zwiebel,
4 Eßl. Honig,
3 Eßl. Essig,
2 Teel. Sesamöl,
1 Eßl. Sakewein,
Soße:
4 Eßl. Hoisin-Soße,
2 Eßl. Sesamöl,
2 Eßl. Zucker;
6 Lauchzwiebeln;
Mandarin-Pfannkuchen:
200 g Mehl,
Öl zum Bestreichen und Braten.

北京烤鴨

- Ente innen und außen gründlich abspülen und trockentupfen. Die Entenhaut etwa fünf Minuten lang massieren, damit sich die Haut leicht vom Fleisch trennen läßt.
- Eineinhalb Liter Wasser mit einem Teelöffel Salz, Sojasoße, geschältem Ingwer und abgezogener ganzer Zwiebel zum Kochen bringen. Ente hineinlegen und auf jeder Seite drei Minuten kochen. Herausnehmen, abtropfen und abkühlen lassen.
- 75 ccm Wasser, Honig, Essig, Sesamöl und Sakewein verrühren und die Ente damit bestreichen.
- Die Ente an einem kühlen, luftigen Ort aufhängen (siehe Tip Seite 90). Nach einer Stunde nochmals bestreichen. Über Nacht trocknen lassen. Oder die Ente im Backofen bei 50 Grad etwa 90 Minuten trocknen lassen. Zwischendurch immer wieder mit der Essig-Honig-Mischung bestreichen.
- Am nächsten Tag noch insgesamt viermal (zweimal vormittags und zweimal nachmittags) mit der Mischung bestreichen.
- Ente mit der Brust nach oben in einen Bräter legen. In den auf 200 Grad/Umluft 170 Grad/Gas Stufe 3 vorgeheizten Backofen schieben und 30 Minuten braten. Umdrehen und noch 30 Minuten weiterbraten.
- Zwischendurch immer wieder mit der Essig-Honig-Mischung bestreichen.
- Inzwischen für die Soße Hoisin-Soße, Sesamöl und Zucker mit zwei Eßlöffel Wasser erhitzen, dann beiseite stellen.
- Lauchzwiebeln putzen und in feine Ringe schneiden.
- Für die Mandarin-Pfannkuchen Mehl und 180 ccm kochendes Wasser zu einem festen Teig verkneten. Zugedeckt zehn Minuten ruhenlassen. Teig 3 mm dick ausrollen und Fladen von etwa 8 cm Ø ausschneiden. Die Hälfte davon mit Öl bestreichen und mit der zweiten Hälfte der Fladen abdecken. Nochmals auf eine Größe von 12 cm Ø ausrollen.
- Ente aus dem Bräter nehmen und die knusprige Haut vom Fleisch trennen. Haut und Fleisch in mundgerechte Stücke schneiden.
- Die doppelten Pfannkuchen im heißen Öl von beiden Seiten braten. Sofort mit Lauchzwiebelringen, der Soße, Entenhaut und Fleisch belegen und aufrollen.

Pro Portion ca. 910 Kalorien

GEFÜLLTE ENTE

4 Portionen
1 küchenfertige Ente (etwa 1,6 kg; vom Geflügelhändler entbeinen lassen),
3 getrocknete Tung-Ku-Pilze,
150 g Klebreis,
150 g Bambussprossen aus der Dose,
150 g gekochter Vorderschinken,
1 Möhre,
2 Lauchzwiebeln,
1 Stück Ingwer (etwa 1 cm),
3 Eßl. Öl,
150 g gemischtes Hackfleisch,
150 g TK-Erbsen,
Salz, frisch gemahlener Pfeffer,
1/4 Teel. Glutamat
(evtl. weglassen),
2 Eßl. Sakewein,
6 Eßl. Sojasoße,
3 Eßl. flüssiger Honig.

糯米鴨

- Entbeinte Ente abspülen, trockentupfen.
- Pilze in warmem Wasser etwa 15 Minuten einweichen.
- Reis auf ein Sieb geben und abspülen. Eine Stunde in kaltem Wasser einweichen.
- Pilze gründlich abspülen und in feine Streifen schneiden.
- Abgetropfte Bambussprossen, Schinken, geschälte Möhre und geputzte Lauchzwiebeln ganz fein hacken. Ingwer schälen und ebenfalls fein hacken.
- Im heißen Öl andünsten. Hackfleisch, die feingehackten Zutaten, Pilze, Erbsen und gut abgetropften Reis zufügen. Mit Salz, Pfeffer, Glutamat, Sakewein und einem Eßlöffel Sojasoße würzen.
- Fünf Minuten dünsten, bis die Flüssigkeit verdampft ist.
- Hackfleischmischung als Füllung in die Ente geben. Öffnung mit Holzspießen und Küchengarn verschließen.
- Restliche Sojasoße und Honig verrühren. Ente in eine ofenfeste Form legen und in den auf 200 Grad/Umluft 170 Grad/Gas Stufe 3 vorgeheizten Backofen schieben. 50 bis 60 Minuten braten.
- Ente zwischendurch immer wieder mit der Essig-Honig-Mischung bestreichen. Ente auf einer vorgewärmten Platte anrichten.

Pro Portion ca. 865 Kalorien

Dazu: Pao Tzu
(Rezept Seite 34)

Abwandlung: Falls Ihr Geflügelhändler die Ente nicht für Sie entbeint und Sie sich die Mühe nicht selber machen wollen, können Sie natürlich auch eine Ente, die nicht entbeint wurde, füllen. Eventuell haben Sie dann etwas Füllung übrig. Oder Sie kaufen etwa 1,5 kg Putenbrust, lassen diese für einen Rollbraten zurechtschneiden und füllen das Fleisch mit der angegebenen Füllung: Fleisch aufrollen, mit Küchenband zu einem Braten binden und wie im Rezept beschrieben braten. Wenn die nicht entbeinte Ente gefüllt wird, erhöht sich die Bratzeit auf etwa 90 Minuten.

Gebratenes Hähnchen mit Pilzen (Rezept Seite 98)

鷄和火鷄

HUHN UND PUTE

GEBRATENES HÄHNCHEN MIT PILZEN

2 Portionen
3 getrocknete Mu-Err-Pilze,
1 kleine Porreestange,
1 Möhre,
1 Zwiebel,
3 Knoblauchzehen,
1 Brathähnchen (etwa 1 kg),
je 2 Eßl. Sakewein und Sojasoße,
1/2 Eßl. Sesamöl,
Salz,
1 Teel. Glutamat (evtl. weglassen),
1 Teel. Edelsüß-Paprika.

雙冬鷄

▪ Pilze etwa zehn Minuten in warmem Wasser einweichen.

▪ Porree und Möhre putzen und in Scheiben schneiden. Zwiebel und Knoblauch abziehen. Knoblauch fein hacken und Zwiebel in Ringe schneiden.

▪ Hähnchen abspülen, trockentupfen und mit der Geflügelschere in sechs bis acht Stücke schneiden.

▪ Mit Sakewein, Sojasoße, Sesamöl, Salz, Glutamat und Paprika vermischen und in eine ofenfeste Form geben.

▪ Abgetropfte Pilze, Möhre, Knoblauch, Porree und Zwiebel zufügen und in den auf 200 Grad/Umluft 170 Grad/Gas Stufe 3 vorgeheizten Backofen schieben. In etwa einer Stunde braun braten. Zwischendurch einmal wenden.

Pro Portion ca. 495 Kalorien

HÄHNCHEN NACH KANTON-ART

2 Portionen
1 Brathähnchen (etwa 1,2 kg)
oder 500 g Hähnchenbrustfilet,
4 Eßl. Sojasoße,
3 Eßl. Sakewein,
1 Eßl. Sesamöl,
10 g Mu-Err-Pilze,
1 Bund Lauchzwiebeln,
3 mittelgroße Möhren,
2 Chilischoten,
3 Eßl. Öl,
75 ccm Hühnerbrühe,
frisch gemahlener Pfeffer,
Salz,
1 Eßl. Speisestärke.

木耳鷄肉

▪ Hähnchenfleisch von Haut und Knochen lösen (siehe Kasten Seite 101) und in feine Streifen schneiden. Mit zwei Eßlöffel Sojasoße und je einem Eßlöffel Sakewein und Sesamöl marinieren.

▪ Pilze etwa 15 Minuten in warmem Wasser einweichen.

▪ Lauchzwiebeln putzen und in Streifen schneiden. Möhren schälen und in dünne Scheiben schneiden.

▪ Chilischoten der Länge nach halbieren, Kerne herauskratzen und die Schoten in Streifen schneiden (dabei mit Gummihandschuhen arbeiten, siehe Seite 81).

▪ Fleisch in zwei Eßlöffel heißem Öl braun anbraten. Herausnehmen und beiseite stellen.

▪ Chilischoten, Lauchzwiebeln, Möhren und abgetropfte Pilze im restlichen Öl andünsten. Brühe zugießen und mit restlicher Sojasoße, Sakewein, Pfeffer und Salz würzen. Etwa fünf Minuten dünsten.

▪ Fleisch wieder zufügen und untermengen. Speisestärke und drei Eßlöffel Wasser verrühren und zum Fleisch und Gemüse gießen. Einmal aufkochen lassen. Mit Salz und Pfeffer abschmecken.

Pro Portion ca. 620 Kalorien

HÄHNCHENKEULEN MIT CHAMPIGNONS

4 Portionen

4 Hähnchenkeulen à etwa 250 g,
Salz,
frisch gemahlener Pfeffer,
1/8 l Sakewein,
1 Bund Lauchzwiebeln,
250 g Champignons,
4 Knoblauchzehen,
1 rote Pfefferschote,
1 Stück Ingwer (etwa 2 cm),
3 Eßl. Öl,
1 1/2 Teel. Rosenpaprika,
3 Eßl. Sojasoße,
100 ccm Hühnerbrühe,
1 Teel. Sesamöl,
Glutamat (evtl. weglassen).

南煎鷄腿

- Hähnchenkeulen abspülen, trockentupfen und auf beiden Seiten einmal tief einschneiden.
- Mit Salz und Pfeffer einreiben und mit Sakewein begießen. Zugedeckt mindestens 30 Minuten ziehen lassen.
- Lauchzwiebeln putzen, abspülen und in Röllchen schneiden. Pilze putzen und halbieren.
- Knoblauch abziehen und zerdrücken.
- Pfefferschote der Länge nach halbieren, die Kerne herauskratzen und die Schote in Streifen schneiden (dabei mit Gummihandschuhen arbeiten, siehe Seite 81).
- Ingwer schälen und fein hacken.
- Pfefferschote im heißen Öl anbraten. Hähnchenkeulen zufügen und unter ständigem Wenden sechs bis acht Minuten braun braten.
- Lauchzwiebeln und Pilze zufügen und weiterbraten.
- Paprika, Sojasoße, Knoblauch, Ingwer, Brühe und die Marinade zufügen.
- Im geschlossenen Topf 15 Minuten garen.
- Mit Sesamöl und Glutamat oder Salz abschmecken.

Pro Portion ca. 410 Kalorien

Salmonellengefahr

Beim Umgang mit rohem Geflügel besteht Salmonellengefahr. Deshalb rohes Geflügel nur auf Teller oder Bretter legen, die hinterher mit kochendheißem Wasser abgespült werden können. Das gilt auch für alle anderen Arbeitsgeräte, die mit rohem Geflügelfleisch in Berührung gekommen sind. Wenn Sie damit gearbeitet haben, bitte immer die Hände hinterher gründlich mit Seife waschen. Bei durchgegartem Geflügelfleisch sind eventuell vorhandene Salmonellen abgetötet.

HÄHNCHEN MIT WASSERKASTANIEN

2 Portionen
1 Brathähnchen (etwa 900 g),
1 kleine Porreestange,
1 Stück Ingwer (etwa 1 cm),
2 Eßl. Öl,
2 Eßl. Sakewein,
3 Eßl. Sojasoße,
75 ccm Ananassaft aus der Dose,
je 100 g Wasserkastanien
und Ananasstücke aus der Dose,
150 g TK-Erbsen,
1 Teel. Speisestärke.

醬爆雞丁

- Hähnchen abspülen, trockentupfen und mit der Geflügelschere in sechs bis acht Stücke schneiden.
- Porree putzen und in feine Ringe schneiden. Ingwer schälen und fein hacken.
- Hähnchenstücke im heißen Öl unter ständigem Rühren braun anbraten.
- Porree, Ingwer, Sakewein, Sojasoße und Ananassaft zufügen und in einer großen geschlossenen Pfanne etwa 35 Minuten schmoren.
- Wasserkastanien, Ananasstücke, und Erbsen zufügen.
- Speisestärke und zwei Eßlöffel Wasser verrühren und zum Fleisch geben. Einmal aufkochen lassen und mit Sojasoße abschmecken.

Pro Portion ca. 595 Kalorien

HUHN IN DUNKLER SOJASOSSE

2 Portionen
1 Teel. schwarze Pfefferkörner,
2 Sternanis,
1 Stück Ingwer (etwa 1 cm),
100 g Champignons,
2 Lauchzwiebeln,
1 Eßl. Öl,
1 Brathähnchen (etwa 1,2 kg),
1/4 l dunkle Sojasoße,
4 Eßl. Sakewein,
4 Eßl. brauner Zucker.

醬油雞

- Für den Gemüsesud Pfefferkörner, Sternanis und 350 ccm Wasser 15 Minuten kochen.
- Inzwischen Ingwer schälen und fein hacken. Champignons und Lauchzwiebeln putzen und in feine Ringe schneiden.
- Ingwer, Champignons und Lauchzwiebeln im heißen Öl andünsten.
- Hähnchen abspülen, trockentupfen und mit dem angedünsteten Gemüse füllen. Öffnung mit Holzspießchen zustecken.
- Gewürzsud durchsieben und mit Sojasoße, Sakewein und Zucker in einem Wok mit Deckel oder einem Topf aufkochen.
- Hähnchen hineinlegen und eine Stunde kochen. Zwischendurch einmal wenden und immer wieder mit dem Sojasud begießen.
- Hähnchen in mundgerechte Stücke schneiden und mit der Füllung auf einer Platte anrichten. Die Soße extra dazu reichen.

Pro Portion ca. 575 Kalorien

GESCHMORTES HUHN IN SOJASOSSE

3 Portionen
1 Brathähnchen (etwa 1,3 kg),
1/2 l Sojasoße,
3 Eßl. Sakewein,
1 Stück Ingwer (etwa 2 cm),
5 Sternanis,
30 g Kandiszucker,
2 Teel. Sesamöl.

紅燒鷄

- Hähnchen abspülen und innen und außen trockentupfen. In einen großen Topf legen.
- Etwa einen halben Liter Wasser, Sojasoße, Sakewein, geschälten und in Stückchen geschnittenen Ingwer und Sternanis zufügen. Das Hähnchen soll zur Hälfte mit Flüssigkeit bedeckt sein. Aufkochen, dann bei kleiner Hitze etwa 20 Minuten kochen.
- Kandiszucker unterrühren und das Hähnchen wenden. 20 Minuten weiterkochen. Im Sud abkühlen lassen.
- Hähnchen herausnehmen und mit Sesamöl bestreichen. In Stücke schneiden und auf einer vorgewärmten Platte servieren.

Pro Portion ca. 570 Kalorien

Geflügelfleisch vom Knochen lösen

Rohes Geflügelfleisch von Haut und Knochen zu lösen geht am besten, wenn das Huhn oder die Ente zunächst mit der Geflügelschere in sechs bis acht Teile zerlegt wird. Danach die Haut abziehen. Das Fleisch löst sich gut mit Hilfe eines spitzen Küchenmessers vom Knochen. Die Karkasse, das Gerippe vom Geflügel, eignet sich dann noch gut für eine kräftige Hühnerbrühe. Einfacher ist es natürlich, gleich Entenbrustfilet oder Hühnerbrustfilet zu kaufen (es reicht dann weniger als die Hälfte der angegebenen Menge). Allerdings schmeckt das Fleisch vom ganzen Tier kräftiger.

HÄHNCHEN MIT BLATTSPINAT

4 Portionen
1 Brathähnchen (etwa 1,2 kg),
4 Eßl. Sakewein,
5 Eßl. Sojasoße,
150 g Bambussprossen aus der Dose,
500 g Blattspinat oder 2 Päckchen TK-Blattspinat à 300 g,
1 Stück Ingwer (etwa 1/2 cm),
3 Eßl. Öl, Salz,
75 ccm Hühnerbrühe,
1 Teel. Zucker,
100 g Cashewkerne.

菠菜炒鷄肉

- Hähnchen abspülen und mit der Geflügelschere in sechs bis acht Stücke schneiden. Mit je zwei Eßlöffel Sakewein und Sojasoße übergießen und 30 Minuten ziehen lassen.
- Inzwischen Bambussprossen abtropfen lassen und in kleine Scheiben schneiden. Spinat verlesen, gründlich abspülen und abtropfen lassen (TK-Spinat auftauen lassen). Ingwer schälen und fein hacken.
- Ingwer in zwei Eßlöffel heißem Öl in einem Wok oder einer großen Pfanne anbraten. Fleisch zufügen und rundherum anbraten. Salzen.
- Bambussprossen zufügen und noch zehn Minuten weiterbraten. Alle angebratenen Zutaten herausnehmen und warm stellen.
- Restliches Öl erhitzen und den Spinat darin zusammenfallen lassen. Salzen.
- Fleisch und Bambussprossen wieder zufügen. Brühe zugießen und alles mit Zucker, restlichem Sakewein und Sojasoße würzen.
- Vor dem Servieren Cashewkerne untermischen.

Pro Portion ca.795 Kalorien

HÜHNERFLEISCH MIT ERDNÜSSEN

2 Portionen
400 g Hühnerfleisch (Filet oder ausgelöste Keule),
2 Eßl. Speisestärke,
5 Eßl. Sojasoße,
4 Eßl Sakewein,
1 mittelgroße Porreestange,
100 g ungesalzene Erdnußkerne,
3 Eßl. Öl,
100 ccm Fleischbrühe,
1 Teel. Zucker,
1 Teel. Glutamat (evtl. weglassen).

生果鷄肉

- Fleisch in kleine Würfel schneiden, mit einem Eßlöffel Speisestärke und je zwei Eßlöffel Sojasoße und Sakewein marinieren.
- Porree putzen, abspülen und kleinschneiden.
- Erdnüsse in einem Eßlöffel Öl kurz anrösten. Beiseite stellen.
- Fleisch in restlichem Öl kräftig anbraten und warm stellen.
- Porreestücke in der Pfanne anbraten.
- Restliche Sojasoße und Sakewein, Brühe, Zucker und Glutamat zufügen und aufkochen lassen.
- Restliche Speisestärke und zwei Eßlöffel Wasser verrühren und die Soße damit andicken.
- Fleisch und Nüsse unterheben. Noch einmal aufkochen lassen und das Gericht mit Salz und Zucker abschmecken.

Pro Portion ca. 690 Kalorien

Hähnchen mit Blattspinat

Chinesischer Eintopf

CHINESISCHER EINTOPF

3 Portionen
10 g chinesische Trockenpilze (Mu-Err oder Tung-Ku),
50 g Glasnudeln,
1/4 Sellerieknolle (etwa 200 g),
1 Möhre,
1 Zwiebel,
1 Bund Petersilie,
1 kleines Suppenhuhn (etwa 1,2 kg),
Salz,
1 Teel. Pfefferkörner,
100 Bambussprossen aus der Dose,
1 mittelgroße Porreestange,
1 Eßl. Öl,
3 Eßl. Essig,
1 Teel. Sesamöl,
4 Eßl. Sojasoße,
1 Eßl. Honig,
Chinagewürz.

清燉鷄

- Trockenpilze und Glasnudeln getrennt etwa 15 Minuten in warmem Wasser einweichen.
- Sellerie und Möhre putzen und vierteln. Zwiebel abziehen und vierteln.
- Petersilie und das Huhn in einen Topf mit zwei Liter Salzwasser geben. Zwiebel, Möhre, Sellerie und Pfefferkörner zufügen und eine Stunde bei mittlerer Hitze kochen.
- Inzwischen Pilze gründlich abspülen und in Streifen schneiden.
- Glasnudeln abtropfen lassen und in etwa 5 cm lange Stükke schneiden.
- Bambussprossen abtropfen lassen und in Streifen schneiden. Porree putzen, abspülen und in Ringe schneiden.
- Huhn aus der Brühe nehmen und das Fleisch von Haut und Knochen lösen. In Streifen schneiden.
- Brühe durchsieben.
- Fleisch im heißen Öl rundherum braun anbraten. Einen dreiviertel Liter der frischgekochten Hühnerbrühe, Porree, Bambussprossen, Pilze und Glasnudeln zufügen. 15 Minuten kochen.
- Mit Salz, Essig, Sesamöl, Sojasoße, Honig und Chinagewürz abschmecken. Falls der Eintopf zu dick ist, eventuell noch etwas Brühe zugeben.

Pro Portion ca. 770 Kalorien

Glasnudeln sind sehr lang und müssen gekürzt werden. Das geht am besten nach dem Einweichen mit einem scharfen Messer oder mit einer Küchenschere.

HÄHNCHENKEULEN IN CURRYSOSSE

4 Portionen
Salz,
1 Teel. Glutamat (evtl. weglassen),
1 1/2 Eßl. Curry,
3 Eßl. Sakewein,
2 Eßl. Speisestärke,
4 Hähnchenkeulen,
2 mittelgroße Kartoffeln,
2 Lauchzwiebeln,
1 mittelgroße Zwiebel,
2 Knoblauchzehen,
Fett zum Fritieren,
4 Eßl. Öl,
1 Eßl. Mehl,
1 Teel. gemahlener Ingwer,
2 Eßl. Tomatenketchup,
2 Eßl. Kokosraspel.

咖哩雞肉

▮ Salz, eine halben Teelöffel Glutamat, einen Eßlöffel Curry, zwei Eßlöffel Sakewein und die Speisestärke vermischen. Hähnchen etwa 30 Minuten darin marinieren.

▮ Kartoffeln schälen und in mundgerechte Würfel schneiden. Lauchzwiebeln putzen und in Ringe schneiden. Zwiebel und Knoblauchzehen abziehen und fein hacken.

▮ Fritierfett erhitzen. (Die Temperatur ist richtig, wenn sich an einem eingetauchten Holzstäbchen Blasen bilden.)

▮ Abgetupfte Hähnchenkeulen schwimmend im heißen Fett braun braten. Kartoffeln ebenfalls fritieren.

▮ Zwei Eßlöffel Öl in einem Wok oder einer großen Pfanne erhitzen und die Lauchzwiebeln anbraten. Restlichen Curry, Mehl und Ingwer zufügen und etwa fünf Minuten dünsten. Beiseite stellen.

▮ Knoblauch- und Zwiebelwürfel im restlichen Öl andünsten.

▮ Hähnchen, 150 ccm Wasser, Ketchup, Kokosraspel, restlichen Sakewein,Glutamat, Salz und Kartoffelwürfel zufügen. Alles gut vermengen und zehn Minuten dünsten.

▮ Die Lauchzwiebelmischung unterheben.

Pro Portion ca. 590 Kalorien

HÄHNCHENBRUSTFILET MIT SALATGURKE

2 Portionen
350 g Hähnchenbrustfilet,
3 Eßl. Sakewein,
1 Eßl. Sojasoße,
1/2 Eßl. Speisestärke,
1/2 Salatgurke,
2 mittelgroße Möhren,
100 g Bambussprossen aus der Dose,
2 Knoblauchzehen,
2 Eßl. Öl,
75 ccm Fleischbrühe,
Salz,
1 Eßl. Barbecue-Soße,
1 Teel. Zucker.

醬爆雞丁

▮ Fleisch in mundgerechte Stücke schneiden und mit Sakewein, Sojasoße und Speisestärke vermischen.

▮ Gurke und Möhren schälen und in dünne Scheiben schneiden. Bambussprossen abtropfen lassen und in Scheiben schneiden.

▮ Knoblauch abziehen, fein hacken und im heißen Öl anbraten. Fleisch zufügen und unter Rühren braun braten.

▮ Das Gemüse und die Brühe zufügen und mit Salz, Barbecue-Soße und Zucker würzen.

▮ Zugedeckt noch etwa zehn Minuten schmoren lassen. Abschmecken.

Pro Portion ca. 370 Kalorien

Hähnchenkeulen in Currysoße

PUTENFLEISCH MIT SCHWARZBOHNEN

2 Portionen
350 g Putenbrustfilet,
6 Eßl. Sakewein,
5 Eßl. Sojasoße,
frisch gemahlener Pfeffer,
4 Eßl. fermentierte Schwarzbohnen,
1 mittelgroße Porreestange,
3 Knoblauchzehen,
1 grüne Pfefferschote,
4 Eßl. Öl,
1 Teel. Zucker,
1/2 Teel. Sambal oelek,
150 ccm Hühnerbrühe,
1 Eßl. Speisestärke,
Sesamöl,
Glutamat (evtl. weglassen).

豉汁鷄

- Fleisch in Streifen schneiden und mit vier Eßlöffel Sakewein, drei Eßlöffel Sojasoße und Pfeffer vermischen.
- Bohnen auf ein Sieb geben und mit kaltem Wasser abspülen. Abtropfen lassen.
- Porree putzen, abspülen und mit Grün in dünne Streifen schneiden.
- Knoblauch abziehen und fein hacken. Pfefferschote der Länge nach halbieren, Kerne herauskratzen und die Schote in feine Streifen schneiden (dabei mit Gummihandschuhen arbeiten, siehe Seite 81).
- Porree in zwei Eßlöffel heißem Öl anbraten. Restliche Sojasoße, Sakewein und Zucker zufügen. Drei Minuten unter Rühren weiterbraten. Herausnehmen.
- Restliches Öl in den Wok oder eine große Pfanne geben und Knoblauch und Pfefferschote kurz anbraten. Putenfleisch zufügen und anbraten. Bohnen zufügen und weiterbraten. Mit einer Prise Zucker und Sambal oelek würzen.
- Brühe und Porree zufügen und alles gut vermengen.
- Speisestärke und drei Eßlöffel Wasser verrühren. Zugießen und alles noch einmal aufkochen lassen.
- Mit Sesamöl und Glutamat abschmecken.

Pro Portion ca. 560 Kalorien

KUNG-PAO-PUTENFLEISCH

2 Portionen
350 g Putenbrustfilet,
2 Eßl. helle Sojasoße,
4 Eßl. Sakewein,
2 Eßl. Speisestärke,
1 Eiweiß,
2 Chilischoten,
2 Knoblauchzehen,
1 Stück Ingwer (etwa 2 cm),
1 Bund Lauchzwiebeln,
3 Eßl. Öl,
1 Eßl. dunkle Sojasoße,
75 ccm Fleischbrühe,
2 Eßl. Chilisoße,
2 Teel. Weißweinessig,
2 Teel. Zucker,
100 g Cashewkerne.

宫保鷄

- Fleisch in 1 cm große Würfel schneiden und mit heller Sojasoße, zwei Eßlöffel Sakewein, einem Eßlöffel Speisestärke und dem Eiweiß verrühren.
- Chilischoten der Länge nach halbieren. Kerne entfernen und die Schoten in Stückchen schneiden (dabei mit Gummihandschuhen arbeiten, siehe Seite 81). Knoblauch abziehen und schräg in Scheiben schneiden. Ingwer schälen und hacken. Lauchzwiebeln putzen und in Ringe schneiden.
- Öl in einem Wok erhitzen. Chili,Knoblauch und Ingwer anbraten. Das marinierte Fleisch zufügen und unter Rühren weiterbraten.
- Restlichen Sakewein seitlich in den Wok gießen. Lauchzwiebeln unterrühren und fünf Minuten braten.
- Dunkle Sojasoße, Brühe, Chilisoße, Essig, Zucker und restliche angerührte Speisestärke zufügen und aufkochen. Cashewkerne unterrühren und abschmecken.

Pro Portion ca. 715 Kalorien

PUTENGESCHNETZELTES MIT GEMÜSE

4 Portionen
500 g Putenbrustfilet,
1 Stück Ingwer (etwa 2 cm),
4 Eßl. Sojasoße,
4 getrocknete Mu-Err-Pilze,
1 rote Paprikaschote,
2 Möhren,
2 dünne Porreestangen,
2 Scheiben Ananas aus der Dose,
125 g Sojasprossen,
50 g Erdnußkerne,
4 Eßl. Öl,
1 Messerspitze Sambal oelek,
Salz.

什錦火鷄

- Fleisch in dünne Streifen schneiden.
- Ingwer schälen und durch eine Knoblauchpresse drücken. Den Saft mit drei Eßlöffel Sojasoße verrühren und mit dem Fleisch vermischen. Etwa eine Stunde stehenlassen.
- Pilze 15 Minuten in warmem Wasser einweichen.
- Paprika putzen, abspülen und in Streifen schneiden. Möhren schälen und in Stifte schneiden.
- Porree putzen, abspülen und ebenfalls in feine Streifen schneiden.
- Ananas und Pilze abtropfen lassen und in Stücke schneiden.
- Sojasprossen auf ein Sieb geben und mit heißem Wasser abspülen. Abtropfen lassen.
- Erdnußkerne ohne Fett hellbraun rösten und beiseite stellen.
- Öl in einem Wok oder in einer Pfanne erhitzen und das abgetropfte Fleisch rundherum braun anbraten.
- Herausnehmen und Möhren, Porree und Paprika darin andünsten.
- Ananas, Sojasprossen, Nüsse und die abgetropfte Marinade zufügen und einmal aufkochen lassen.
- Fleisch wieder zufügen und alles noch drei Minuten unter Rühren braten.
- Mit Sambal oelek, restlicher Sojasoße und Salz abschmecken.

Pro Portion ca. 400 Kalorien

Zum Vorbereiten der Zutaten ist ein sehr scharfes Küchenmesser unentbehrlich. Achten Sie beim Einkauf auf eine hochwertige Klinge, die sich gut nachschleifen läßt.

CHINESISCHER

Chinesisches „Fondue“
(Rezept Seite 112)

什錦火鍋

FEUERTOPF

CHINESISCHER FEUERTOPF

6 Portionen
2 dünne Schweineschnitzel à 100 g,
1 Scheibe Rinderrouladenfleisch (200 g),
200 g Hähnchenbrustfilet,
250 g Rinderleber oder Fischfilet,
Hackbällchen (Rezept siehe Seite 113),
300 g Chinakohl,
250 g Champignons,
1 Bund Lauchzwiebeln,
300 g geputzter frischer Blattspinat,
250 g Tofu,
100 g Glasnudeln,
150 g Reisnudeln,
6 ganz frische Eigelb;
zum Garnieren: Petersilie, Tomaten, Schnittlauch, Salatblätter;
1 1/2 l Fleischbrühe (Rind oder Huhn, Rezept siehe Seite18).

Foto Seite 110/111

什錦火鍋

- Fleisch in Streifen schneiden. Getrennt auf verschiedenen Platten anrichten.
- Hackbällchen zubereiten.
- Gemüse putzen und abspülen. Chinakohl in Streifen schneiden. Champignons in Scheiben, Lauchzwiebeln in kleine Stücke schneiden. Mit dem Spinat getrennt auf Platten anrichten.
- Tofu in 1,5 cm große Würfel schneiden.
- Glasnudeln zehn Minuten in warmem Wasser einweichen.
- Reisnudeln zehn Minuten in kaltem Wasser einweichen. Beide Nudelsorten in etwa 7 cm lange Streifen schneiden.
- Für jeden Gast ein Eigelb in einer kleinen Portionsschale verrühren.
- Fleisch- und Gemüseplatten mit Petersilie, Tomatenvierteln, Schnittlauchröllchen und Salatblättern garnieren.
- Soßen herstellen (Rezepte siehe Seite 113).
- Fladenbrot backen (Rezept Seite 113) oder Baguette in Scheiben schneiden.
- Brühe in einem chinesischen Feuertopf zum Kochen bringen (ersatzweise geht auch ein normaler Fondue- oder Kochtopf mit einem Rechaud darunter).
- Topf in die Mitte des Tisches stellen und die Fleisch-, Gemüse- und Nudelplatten rundherum stellen.

Alle sitzen vor einem Gedeck, bestehend aus Porzellanschale, flachem Teller, Porzellanlöffel, Drahtsiebchen, Holzstäbchen und den Schälchen mit dem Eigelb. Fleisch, Gemüse und Nudeln mit Hilfe der Holzstäbchen von den Platten nehmen und in die Drahtsiebchen geben. Diese in die kochende Brühe tauchen, bis die Zutaten gar sind. In der Porzellanschale jeweils zwei Eßlöffel Soße mit etwas rohem Eigelb verrühren. Dort hinein die gegarten Zutaten dippen und sofort essen. Eventuell im Laufe des Essens immer wieder etwas heißes Wasser oder schwach gesalzene Brühe nachfüllen. Die Brühe wird zum Schluß aus den Porzellanschälchen getrunken.

Mit Soßen pro Portion ca. 965 Kalorien

HACKBÄLLCHEN

Aus 250 Gramm Hackfleisch, zwei Eßlöffel Speisestärke, einem Ei, einem halben Bund Schnittlauch in Röllchen, zwei Eßlöffel Sojasoße, zwei Teelöffel Sesamöl und zwei zerdrückten Knoblauchzehen einen Hackfleischteig zubereiten. Mit Salz und Pfeffer abschmecken. 30 Minuten ziehen lassen. Aus dem Teig walnußgroße Bällchen formen. Bis zum Servieren im Kühlschrank aufbewahren. Auf einer Platte anrichten. In der Brühe am Tisch garen.

肉丸

FEUERTOPFSOSSE MIT KNOBLAUCH

75 ccm Barbecue-Soße oder Hoisin-Soße mit zwei zerdrückten Knoblauchzehen, einem Eßlöffel Sojasoße, zwei Eßlöffel Essig und je einem Teelöffel Sambal oelek und Sesamöl verrühren. Mit einem halben Bund Schnittlauch in

沙茶汁

FEUERTOPFSOSSE MIT INGWER

Je drei Eßlöffel Sakewein, Sojasoße und Essig mit einem Stück geschälten und feingehackten Ingwer (etwa 2 cm) und je zwei Teelöffel Zucker, Sesamsaat und Sesamöl verrühren. Mit Salz und eventuell Glutamat abschmecken.

薑醋汁

CHINESISCHES FLADENBROT

Aus 250 g Mehl, einem halben Teelöffel Salz und 400 ccm lauwarmem Wasser einen Teig rühren. Ein Bund feingeschnittenen Schnittlauch unterrühren. Öl in einer Pfanne erhitzen und für jeden Fladen eine Kelle Teig hineingeben. Von beiden Seiten goldbraun backen. In Alufolie verpackt oder im Backofen warm halten. Zum Feuertopf servieren.

蔥油餅

Gefüllte Tung-Ku-Pilze
(Rezept Seite 116)

細肉

HACKFLEISCH

GEFÜLLTE TUNG-KU-PILZE

3 Portionen
18 Tung-Ku-Pilze,
125 g Tofu,
175 g Wasserkastanien aus der Dose,
1 Möhre,
250 g Rinderhackfleisch,
1 Ei,
frisch gemahlener Pfeffer,
2 Eßl. Sojasoße,
1/4 Teel. Glutamat (evtl. weglassen),
Salz,
2 Eßl. Sakewein,
1 Teel. Zucker,
1 Eßl. Speisestärke,
TK-Erbsen zum Garnieren,
3 Eßl. Öl,
75 ccm Fleischbrühe,
Sesamöl.

Foto Seite 114/115

冬菇鑲肉

- Tung-Ku-Pilze 15 Minuten in heißem Wasser einweichen.
- Inzwischen Tofu und abgetropfte Wasserkastanien hacken.
- Möhre schälen und raffeln und mit Hackfleisch, Ei, Tofu und Wasserkastanien verkneten. Mit Pfeffer, einem Eßlöffel Sojasoße, Glutamat, Salz, Sakewein und einem halben Teelöffel Zucker würzen.
- Pilze abspülen (evtl die Stiele entfernen). Pilzkappen mit etwas Speisestärke bestäuben und mit dem Hackteig füllen. Dabei Pilze und Hackteig fest aneinanderdrücken. Mit Erbsen garnieren.
- Öl in einem Wok erhitzen und die Pilze rundherum darin anbraten.
- Brühe, restliche Sojasoße und Zucker zufügen und etwa 10 bis 15 Minuten schmoren. Mit Sesamöl abschmecken.

Pro Portion ca. 890 Kalorien

Tung-Ku-Pilze werden im Wasser eingeweicht etwa dreimal so groß wie vorher. Man verwendet nur die Pilzköpfe. Die ungenießbaren Stiele sind meist schon entfernt.

AUBERGINEN MIT RINDERHACKFLEISCH

2 Portionen
2 mittelgroße Auberginen,
Salz,
1 dünne Scheibe Ingwer,
2 Knoblauchzehen,
3 Eßl. Öl,
250 g Rinderhackfleisch,
150 ccm Fleischbrühe,
je 2 Eßl. Sakewein,
Sojasoße, Hoisin-Soße,
1 Teel. Zucker,
Sesamöl,
einige Zweige
Petersilie.

五香茄子

- Auberginen abspülen und in 1,5 x 5 cm große Streifen schneiden. Einen Teelöffel Salz und einen Liter lauwarmes Wasser mischen und über die Auberginen gießen. Fünf Minuten ziehen lassen.
- Ingwer und Knoblauch schälen und fein hacken. In einer Pfanne in zwei Eßlöffel heißem Öl anbraten.
- Abgetropfte Auberginen zufügen und unter Rühren weiterbraten. Herausnehmen und beiseite stellen.
- Hackfleisch in der Pfanne im restlichen Öl anbraten. Brühe, Sakewein, Soja- und Hoisin-Soße, Zucker und die angebratenen Auberginen zufügen.
- Alles einmal aufkochen lassen und mit Sesamöl abschmecken. Mit Petersilie garnieren.

Pro Portion ca. 570 Kalorien

Hackfleisch

Hackfleisch darf nur am Tag seiner Herstellung verkauft und es sollte auch am selben Tag verarbeitet werden. Falls das nicht möglich ist, Hackfleisch unbedingt einfrieren! Es gibt folgende Qualitäten: Gemischtes Hackfleisch (besteht zur Hälfte aus Rind- und Schweinefleisch), Rinderhackfleisch (besteht nur aus Rindfleisch), Beefhack, auch Tatar genannt (besteht aus magerem Beefsteakfleisch), und Schweinehackfleisch, das auch Mett genannt wird. Es besteht aus reinem Schweinefleisch und wird unter der Bezeichnung „Thüringer Mett“ auch gewürzt angeboten. Wenn nichts anderes genannt wird, ist in den Rezepten dieses Buches gemischtes Hackfleisch gemeint.

Gefüllte Auberginen

GEFÜLLTE AUBERGINEN

4 Portionen
3 getrocknete Tung-Ku-Pilze,
4 kleine Auberginen,
2 Lauchzwiebeln,
170 g Bambussprossen aus der Dose,
200 g Rinderhackfleisch,
1 Ei,
Salz,
frisch gemahlener Pfeffer,
4 Eßl. Semmelbrösel,
1/2 Teel. Glutamat (evtl. weglassen),
1/2 Teel. Sesamöl,
je 2 Eßl. Sakewein und Sojasoße,
1 Stück Ingwer (etwa 1 cm),
3 Eßl. Öl,
150 ccm Fleischbrühe,
2 Teel. Speisestärke.

茄子鑲肉

▪ Pilze in heißem Wasser etwa 15 Minuten einweichen.

▪ Auberginen abspülen, Stiel entfernen und Auberginen der Länge nach halbieren. Das Fruchtfleisch bis auf einen kleinen Rand mit einem Teelöffel herauskratzen. Die Hälfte des Fruchtfleisches fein hacken.

▪ Lauchzwiebeln putzen und fein hacken. Bambussprossen abtropfen lassen und ebenfalls fein hacken.

▪ Mit dem Auberginen-Fruchtfleisch, den abgetropften, feingehackten Pilzen, Lauchzwiebeln, Hackfleisch, Ei, Salz, Pfeffer, Semmelbrösel, Glutamat, Sesamöl, Sakewein, Sojasoße und gehacktem Ingwer vermischen und in die ausgehöhlten Auberginen füllen.

▪ Auberginen in einer großen Pfanne im heißen Öl anbraten. Fleischbrühe zufügen und 20 Minuten bei mittlerer Hitze schmoren.

▪ Speisestärke und zwei Eßlöffel Wasser verrühren, zu den Auberginen geben und aufkochen lassen. Mit Sesamöl und Sakewein abschmecken.

Pro Portion ca. 310 Kalorien

Auberginen müssen zum Füllen ausgehöhlt werden. Dafür mit einem Messer einen etwa 1 cm breiten Rand einschneiden, dann das Fruchtfleisch mit einem Teelöffel auskratzen.

LÖWENKÖPFE IM CHINAKOHLBETT

3 Portionen
Hackfleischteig:
300 g gemischtes Hackfleisch,
1 mittelgroße fein gehackte Zwiebel,
je 2 Eßl. Sakewein, Sojasoße, Semmelbrösel und Speisestärke,
je 1/2 Teel. Edelsüß-Paprika und gemahlener Ingwer,
2 Eier, Salz,
frisch gemahlener Pfeffer;
Chinakohlbett:
3 getrocknete Tung-Ku-Pilze,
300 g Chinakohl,
100 g Bambussprossen aus der Dose,
4 Eßl. Öl,
1/4 l Fleischbrühe,
4 Eßl. Sojasoße,
3 Eßl. Sakewein,
1 Eßl. Zucker.

狮子頭

- Für den Hackteig alle Zutaten in eine Schüssel geben und miteinander verkneten. Abschmecken.
- Chinakohlbett: Pilze in heißem Wasser 15 Minuten einweichen.
- Chinakohl putzen, auseinandernehmen und die Blätter in breite Streifen schneiden.
- Pilze abspülen und in Scheiben schneiden. Bambussprossen ebenfalls in Scheiben schneiden.
- Aus dem Hackteig vier Fleischklöße (Löwenköpfe) formen. In einer Pfanne in zwei Eßlöffel heißem Öl von jeder Seite etwa fünf Minuten braten. Beiseite stellen.
- Restliches Öl in derselben Pfanne erhitzen und Chinakohl, Pilze und Bambussprossen unter ständigem Rühren fünf Minuten dünsten. Die Hälfte herausnehmen.
- Löwenköpfe auf das restliche Gemüse legen. Mit der anderen Gemüse-Hälfte bedecken.
- Brühe, Sojasoße, Sakewein und Zucker zufügen und bei großer Hitze aufkochen lassen.

Pro Portion ca. 575 Kalorien

FLEISCHKLÖSSCHEN IN SÜSS-SAURER SOSSE

3 Portionen
Klöße: 400 g Beefsteakhack (Tatar),
1 mittelgroße Zwiebel,
je 2 Eßl. Sakewein und Sojasoße,
1 Ei, Salz,
3 Eßl. Speisestärke zum Wenden,
2 Eßl. Öl;
Soße: 170 g Ananasstücke aus der Dose,
1/8 l Ananassaft (Dose),
je 2 Eßl. Sojasoße, Sakewein und Tomatenketchup,
3 Eßl. Zucker,
4 Eßl. Weißweinessig,
1 Eßl. Speisestärke,
1/2 Bund Schnittlauch.

糖醋肉丸

- Für den Hackteig Hackfleisch, gehackte Zwiebel, Sakewein, Sojasoße, Ei und Salz verkneten.
- Aus dem Teig etwa 15 kleine Klößchen formen. In Speisestärke wenden und in heißem Öl rundherum braun anbraten.
- Alle Soßenzutaten, bis auf Speisestärke und Schnittlauch, in einen Topf geben und aufkochen lassen.
- Klößchen zufügen und noch etwa fünf Minuten darin ziehen lassen.
- Speisestärke und drei Eßlöffel Wasser verrühren und die Soße damit andicken. Mit Schnittlauch garnieren.

Pro Portion ca. 450 Kalorien

TOFU IN HACKSOSSE

2 Portionen
250 g Tofu,
1/2 Bund Lauchzwiebeln,
1 rote Pfefferschote,
1 Stück Ingwer (etwa 1 cm),
2 Knoblauchzehen,
2 Eßl. Öl,
150 g gemischtes Hackfleisch,
1/8 l Fleischbrühe,
1 Eßl. Sakewein,
2 Eßl. Sojasoße,
1 Eßl. Zucker,
Salz,
1 Teel. Glutamat
(evtl. weglassen),
1 Eßl. Speisestärke.

麻婆豆腐

- Tofu in Würfel schneiden.
- Lauchzwiebeln putzen und in kleine Stücke schneiden.
- Pfefferschote längs halbieren, Kerne entfernen und die Schote in feine Streifen schneiden (dabei mit Gummihandschuhen arbeiten, siehe Seite 81).
- Ingwer und Knoblauch schälen und fein hacken. Im heißen Öl zusammen mit den Lauchzwiebeln und der Pfefferschote kurz anbraten.
- Hackfleisch zerkrümeln, zufügen und etwa zwei Minuten braten.
- Brühe und Tofu vorsichtig unterheben und mit Sakewein, Sojasoße, Zucker, Salz und Glutamat würzen.
- Zehn Minuten bei kleiner Hitze dünsten.
- Speisestärke und drei Eßlöffel Wasser verrühren und das Gericht damit andicken.

Pro Portion ca. 450 Kalorien

RINDERHACK IM KARTOFFELROCK

4 Portionen
Kartoffel-Hülle:
500 g mehlig kochende Kartoffeln,
Salz,
5-6 Eßl. Mehl,
1 Ei;
2 Eiweiß,
100 g Sesamsaat;
Füllung:
15 Wasserkastanien aus der Dose,
250 g Rinderhackfleisch,
2 Eßl. Speisestärke, Salz,
1 Teel. Glutamat (evtl. weglassen),
1 Ei, frisch gemahlener Pfeffer,
2 Eßl. Sojasoße,
2 Teel. Sesamöl,
2 Knoblauchzehen,
1 Stück Ingwer (etwa 1 cm);
Mehl zum Formen,
Öl zum Braten,
Petersilie zum Garnieren.

土豆鑲肉

- Kartoffeln mit der Schale in Salzwasser 20 Minuten kochen. Schale abziehen und die Kartoffeln noch heiß durch eine Kartoffelpresse drücken. Mit Mehl und dem Ei verkneten. Mit Salz abschmecken.
- Für die Füllung Wasserkastanien fein hacken und mit Hackfleisch, Speisestärke, Salz, Glutamat, Ei, Pfeffer, Sojasoße, Sesamöl, zerdrücktem Knoblauch und feingehacktem Ingwer vermischen. Abschmecken. 30 Minuten ziehen lassen.
- Aus dem Kartoffelteig mit bemehlten Händen etwa 15 flache Küchlein formen.
- Aus dem Hackteig 15 Bällchen formen. Jeweils ein Bällchen auf die Kartoffelplätzchen geben. Teigflächen zusammendrücken und mit Eiweiß bestreichen. Sofort in Sesamsaat wenden und in einer Pfanne in heißem Öl bei mittlerer Hitze von beiden Seiten goldbraun braten. Mit Petersilie garnieren.

Pro Portion ca. 585 Kalorien

Fritierte Riesenhummerkrabben
(Rezept Seite 124)

魚，海產

FISCH

FRITIERTE RIESENHUMMERKRABBEN

3 Portionen
450 g tiefgekühlte Riesenhummerkrabbenschwänze (Riesengarnelen, Tiger Prawns),
5 Eßl. Sakewein,
frisch gemahlener Pfeffer,
Salz,
Ingwerpulver,
1 1/2 Eßl. Speisestärke,
1 Dose Ananas (Einwaage 240 g),
je 1/2 rote und grüne Paprikaschote,
3 Stangen Staudensellerie,
100 g Mehl,
2 Eier,
etwa 100 g Semmelbrösel,
2 Eßl. Öl,
4 Eßl. Weißweinessig,
3 Eßl. Zucker,
2 Eßl. Sojasoße,
3 Eßl. Tomatenketchup,
Fett zum Fritieren.

炸大蝦

- Riesenhummerkrabben auftauen lassen. Das Auftauwasser weggießen.
- Hummerkrabben putzen (siehe Foto) und mit zwei Eßlöffel Sakewein, Pfeffer, Salz, Ingwerpulver und einem halben Teelöffel Speisestärke vermischen. Stehenlassen.
- Ananas abtropfen lassen, dabei den Saft auffangen und 75 ccm abmessen. Etwa 150 g Ananas in Stücke schneiden.
- Paprikaschoten putzen und in Stücke schneiden.
- Sellerie in Scheibchen schneiden.
- Hummerkrabben zuerst in Mehl, danach in verquirltem Ei und dann in Semmelbrösel wenden.
- Gemüse und Ananas im heißen Öl andünsten.
- Ananassaft, restlichen Sakewein, Essig, Zucker, Sojasoße und Tomatenketchup zufügen.
- Aufkochen lassen und mit restlicher mit etwas Wasser angerührter Speisestärke andicken. Hummerkrabben in heißem Fett golbraun ausbacken. Auf einer vorgewärmten Platte mit dem Gemüse servieren.

Pro Portion ca. 925 Kalorien

Krabben von der Unterseite her aus der Schale lösen. Mit einem scharfen Messer am Rücken einritzen und den evtl. vorhandenen schwarzen Darm herausziehen.

FISCHKLÖSSCHEN SÜSS-SAUER

2 Portionen
500 g Seelachsfilet,
100 g Shrimps ohne Kopf und Schale,
50 g fetter ungeräucherter Speck (grüner Speck),
2 Eßl. Sakewein,
2 Eiweiß,
3 Eßl. Sojasoße,
Salz,
5 Eßl. Semmelbrösel,
etwas Sesamöl,
etwa 100 g Speisestärke,
je 1 rote und grüne Paprikaschote,
1 Möhre,
1 kleine Zwiebel,
5 Eßl. Öl,
170 g Ananasstücke aus der Dose;
Soße:
75 ccm Ananassaft,
2 Eßl. Weißweinessig,
1 Eßl. Zucker,
3 Eßl. Sakewein,
4 Eßl. Sojasoße,
3 Eßl. Tomatenketchup,
5 Eßl. Fleischbrühe.

糖醋魚丸

- Fischfilet, Shrimps und Speck im Blitzhacker zerkleinern oder durch den Fleischwolf geben. Mit Sakewein, Eiweiß, Sojasoße, Salz,Semmelbrösel und einem Spritzer Sesamöl vermengen. 15 Minuten stehenlassen.
- Aus dem Fischteig walnußgroße Bällchen formen und in Speisestärke wenden.
- Paprikaschoten putzen, abspülen und in Streifen schneiden. Möhre schälen und ebenfalls in Streifen schneiden. Zwiebel abziehen und in Achtel schneiden.
- Drei Eßlöffel Öl in einem Wok oder einer großen Pfanne erhitzen und die Fischbällchen rundherum braun anbraten. Herausnehmen und beiseite stellen.
- Restliches Öl in den Wok geben und Gemüse und Ananas darin anbraten.
- Soßenzutaten zugießen und alles etwa fünf Minuten dünsten.
- Klößchen unterheben.

Pro Portion ca. 845 Kalorien

Frischer Fisch

Nicht immer und nicht überall bekommt man Fisch in der gewünschten Frische. Eine gute Alternative zu frischem Fisch ist tiefgefrorener. Die Fische werden schon auf den Fangschiffen zu Filets verarbeitet und dort eingefroren. Also ist die Qualität von TK-Fisch häufig besser als von frischem Fisch, der tagelang unterwegs war, bis er zum Verbraucher gelangt.

Gedämpfter Karpfen

GEDÄMPFTER KARPFEN

2 Portionen
1 küchenfertiger Karpfen (ersatzweise 500 g Kabeljaufilet),
2 Eßl. Sakewein, Salz,
4 getrocknete Tung-Ku-Pilze,
2 Eßl. fermentierte schwarze Bohnen,
1 Stück Ingwer (etwa 0,5 cm),
1 rote Pfefferschote,
2 Lauchzwiebeln,
2 Eßl. Öl,
2 Eßl. Sojasoße,
75 ccm Hühnerbrühe,
Sesamöl.

鼓香鯉魚

- Karpfen oder Kabeljaufilet abspülen und zweimal einschneiden. In eine ofenfeste Form geben, mit Sakewein beträufeln und salzen. Etwa 15 Minuten stehenlassen.
- Tung-Ku-Pilze in warmem Wasser 15 Minuten einweichen. Abspülen und in Streifen schneiden.
- Schwarze Bohnen auf ein Sieb geben und gründlich abspülen. Abtropfen lassen.
- Ingwer schälen und fein hacken. Pfefferschote der Länge nach halbieren, Kerne herauskratzen und die Schote in feine Stücke schneiden (dabei mit Gummihandschuhen arbeiten, siehe Seite 81).
- Lauchzwiebeln putzen, abspülen, mit dem Grün in Ringe schneiden.
- Ingwer und Pfefferschote im heißen Öl anbraten. Pilze, schwarze Bohnen, Lauchzwiebeln, Sojasoße und Brühe zufügen und aufkochen lassen. Über den Fisch geben. Mit etwas Sesamöl beträufeln.
- Form verschließen und in einen chinesischen Dampftopf oder einen Wok geben und in heißem Wasserdampf etwa 20 Minuten garen.

Pro Portion ca. 370 Kalorien

Schwarze Bohnen werden zum Fermentieren in Salz eingelegt. Milder und angenehmer im Geschmack sind sie, wenn sie kurz auf einem Sieb abgespült werden.

GESCHMORTE LACHSFORELLE MIT TOFU

2 Portionen
1 küchenfertige Lachsforelle (ohne Kopf; etwa 600 g),
4 Eßl. Sakewein, Salz,
1 Tomate,
250 g Tofu,
1 Lauchzwiebel,
1 rote Pfefferschote,
2 Eßl. Öl,
150 ccm Brühe,
4 Eßl. Sojasoße,
2 Eßl. Tomatenmark,
Glutamat (evtl. weglassen),
Sesamöl.

紅燒魚

- Lachsforelle abspülen, trockentupfen und auf jeder Seite einmal leicht einschneiden. Mit zwei Eßlöffel Sakewein beträufeln und salzen.
- Tomate abspülen und vierteln. Tofu in große Würfel schneiden. Lauchzwiebel putzen, abspülen und in Ringe schneiden. Pfefferschote halbieren, entkernen und in feine Streifen schneiden (dabei mit Gummihandschuhen arbeiten, siehe Seite 81).
- Öl in einem Wok oder einer Pfanne erhitzen, Pfefferschote kurz anbraten und den Fisch von jeder Seite etwa zwei Minuten goldbraun braten.
- Tomate, Tofu, Lauchzwiebel, Brühe, restlichen Sakewein, Sojasoße und Tomatenmark zufügen. Etwa 15 Minuten schmoren lassen.
- Mit Glutamat oder Salz und Sesamöl abschmecken.

Pro Portion ca. 615 Kalorien

TINTENFISCHRINGE IN SAMBALSOSSE

2 Portionen
500 g TK-Tintenfischringe,
2 getrocknete Tung-Ku-Pilze,
1 Stück Ingwer (etwa 1 cm),
1 rote Pfefferschote,
2 Knoblauchzehen,
1 Bund Lauchzwiebeln,
2 Eßl. Öl,
150 g TK-Erbsen,
Fett zum Fritieren,
1/2 Teel. Sambal oelek,
2 Eßl. Sakewein,
1 Eßl. Sojasoße,
100 ccm Fleischbrühe.

宮保魷魚

- Tintenfischringe auftauen lassen.
- Pilze 15 Minuten in warmem Wasser einweichen.
- Ingwer schälen und fein hacken. Pfefferschote der Länge nach halbieren, Kerne entfernen und die Schote fein schneiden (dabei mit Gummihandschuhen arbeiten, siehe Seite 81).
- Knoblauch abziehen und fein hacken. Lauchzwiebeln putzen, abspülen und mit Grün in Stücke schneiden.
- Pilze abspülen und in Streifen schneiden.
- Ingwer, Pfefferschote und Knoblauch im heißen Öl in einer Pfanne anbraten. Pilze, Lauchzwiebeln und Erbsen zufügen und unter Rühren weiterdünsten.
- Inzwischen Tintenfischringe im heißen Fett (die Temperatur ist richtig, wenn an einem eingetauchten Holzlöffelstiel kleine Bläschen aufsteigen) ausbacken. Auf Küchenkrepp abtropfen lassen.
- Das Gemüse mit Sambal oelek, Sakewein, Sojasoße und Brühe würzen.
- Zu den Tintenfischringen servieren.

Pro Portion ca. 635 Kalorien

KARPFEN SÜSS-SAUER

2 Portionen
1 küchenfertiger Karpfen, Salz,
6 Eßl. Sojasoße,
5 Eßl. Sakewein,
frisch gemahlener Pfeffer,
3 Knoblauchzehen,
2 Zwiebeln,
1 Stück Ingwer (etwa 1 cm),
2 rote Paprikaschoten,
1 kleine Porreestange,
2 Eßl. Öl,
2 Eßl. Zucker,
je 3 Eßl. Essig und Tomatenketchup,
1 Eßl. Speisestärke,
Mehl zum Wenden,
Fett zum Fritieren.

糖醋鲤魚

- Karpfen gründlich abspülen. Auf beiden Seiten zweimal tief einschneiden und mit Salz und je drei Eßlöffel Sojasoße, Sakewein und Pfeffer einreiben. 15 Minuten ziehen lassen.
- Inzwischen Knoblauch und Zwiebeln abziehen. Ingwer schälen und zusammen mit dem Knoblauch fein hacken.
- Paprikaschoten und Porreestange putzen, abspülen und in Stücke schneiden.
- Zwiebeln ebenfalls in Stükke schneiden und zusammen mit Knoblauch, Ingwer und dem restlichen Gemüse im heißen Öl andünsten.
- Zucker, Essig, Tomatenketchup und restliche Sojasoße und Sakewein zufügen.
- Speisestärke und drei Eßlöffel Wasser verrühren.
- Karpfen in reichlich Mehl wenden und im heißen Fett (die Temperatur ist richtig, wenn sich an einem eingetauchten Holzlöffelstiel kleine Bläschen bilden) fritieren, bis beide Seiten braun und knusprig sind.
- Angerührte Speisestärke zum Gemüse gießen, alles einmal aufkochen lassen und zum Karpfen servieren.

Pro Portion ca. 770 Kalorien

FISCHSPIESSE MIT ERDNUSSSOSSE

3 Portionen
500 g Rotbarschfilet,
2 Eßl. Sakewein,
3 Eßl. Sojasoße, Salz,
1 Lauchzwiebel,
1 Knoblauchzehe,
3 Eßl. ungesalzene Erdnußkerne,
3 Eßl. Öl,
2 Eßl. Erdnußcreme,
150 ccm Hühnerbrühe,
1 Messerspitze Sambal oelek,
1 Teel. Zucker,
frisch gemahlener Pfeffer,
1/2 Teel. Sesamöl.

串花生汁

- Fisch abspülen, trockentupfen und in Würfel schneiden.
- Mit je zwei Eßlöffel Sakewein und Sojasoße beträufeln und leicht salzen.
- Die Fischwürfel auf Schaschlikspießchen ziehen.
- Lauchzwiebel putzen, abspülen und in Ringe schneiden. Knoblauch abziehen und fein hacken.
- Erdnüsse hacken.
- Zwei Eßlöffel Öl in einem Wok oder einer Pfanne erhitzen. Die Fischspieße darin von allen Seiten anbraten. Herausnehmen und beiseite stellen.
- Restliches Öl im Wok erhitzen und Knoblauch und Lauchzwiebel darin anbraten. Erdnußcreme zufügen und schmelzen lassen. Brühe, Sambal oelek, Zucker, Pfeffer und restliche Sojasoße zufügen. Mit Sesamöl würzen.
- Erdnußsoße über die Fischspieße geben. Mit gehackten Erdnüssen bestreuen.

Pro Portion ca. 430 Kalorien

Gebratene Forellen

GEBRATENE FORELLEN

2 Portionen
3 getrocknete Tung-Ku-Pilze,
2 küchenfertige Forellen,
Salz,
4 Eßl. Sakewein,
100 g Bambussprossen aus der Dose,
3 Lauchzwiebeln,
2 Knoblauchzehen,
1 Stück Ingwer (etwa 1 cm),
1 rote Chilischote,
Mehl zum Wenden,
5 Eßl. Öl,
150 g TK-Erbsen,
4 Eßl. Fleischbrühe,
3 Eßl. Sojasoße,
frisch gemahlener Pfeffer,
1 Teel. Glutamat (evtl. weglassen),
1/4 Teel. Sambal oelek.

煎鳟鱼

- Tung-Ku-Pilze etwa 15 Minuten in warmem Wasser einweichen.
- Forellen abspülen und auf beiden Seiten einmal tief einschneiden. Mit einem Teelöffel Salz und zwei Eßlöffel Sakewein einreiben. 15 Minuten kühl stellen.
- Inzwischen Bambussprossen abtropfen lassen und in Scheiben schneiden.
- Lauchzwiebeln putzen und in Streifen schneiden. Knoblauch abziehen und fein hacken.
- Ingwer schälen und in Streifen schneiden. Chilischote der Länge nach halbieren, Kerne herauslösen und die Schote in Streifen schneiden (mit Gummihandschuhen arbeiten, siehe Seite 81).
- Pilze abspülen und in Streifen schneiden.
- Forellen in Mehl wenden und in drei Eßlöffel Öl von beiden Seiten braun und knusprig braten.
- Daneben in einer zweiten Pfanne im restlichen Öl Chilischote, Knoblauch, Ingwer und das vorbereitete Gemüse und die Erbsen andünsten.
- Brühe zugießen und mit restlichem Sakewein, Sojasoße, Salz, Pfeffer, Glutamat und Sambal oelek würzen. Fisch auf einer vorgewärmten Platte anrichten und das Gemüse darübergeben.

Pro Portion ca. 520 Kalorien

GEBRATENE NUDELN MIT MEERESFRÜCHTEN

2 Portionen
5 getrocknete Tung-Ku-Pilze,
200 g schmale Bandnudeln,
Salz,
5 Eßl. Öl,
150 g Shrimps ohne Kopf und Schale,
150 g Seelachsfilet,
150 g ausgelöstes Muschelfleisch (oder 1 Päckchen TK-Meeresfrüchte; etwa 450 g),
5 Eßl. Sakewein,
1 Stück Ingwer (etwa 1 cm),
3 Knoblauchzehen,
1 Zwiebel,
1 Möhre,
1 Porreestange,
150 g TK-Erbsen,
150 ccm Fleischbrühe,
2 Eßl. Sojasoße,
1/2 Teel. Sambal oelek,
1/2 Teel. Curry,
1/2 Teel. Glutamat (evtl. weglassen),
1/2 Teel. Sesamöl.

三鮮麵

▪ Pilze 15 Minuten in warmem Wasser einweichen.
▪ Nudeln nach Packungsanweisung in reichlich Salzwasser mit einem Eßlöffel Öl bißfest kochen.
▪ Shrimps, Fischwürfel und Muschelfleisch (oder aufgetaute Meeresfrüchte) mit Salz, drei Eßlöffel Sakewein und gehacktem Ingwer vermischen und 15 Minuten ziehen lassen.
▪ Knoblauch und Zwiebel abziehen. Möhre schälen und zusammen mit der Zwiebel in Streifen schneiden. Porree putzen, abspülen und in feine Ringe schneiden.
▪ Nudeln auf ein Sieb gießen, kalt abspülen und abtropfen lassen. In einem Eßlöffel heißem Öl in einer Pfanne kurz anbraten. Beiseite stellen.
▪ Restliches Öl erhitzen. Zuerst den Knoblauch, dann die Meeresfrüchte unter Rühren anbraten.
▪ Vorbereitetes Gemüse, Erbsen, in Streifen geschnittene Pilze, restlichen Sakewein, Brühe, Sojasoße, Sambal oelek und Curry zufügen.
▪ Nudeln unterheben und alles mit Salz, Glutamat und Sesamöl abschmecken.

Pro Portion ca. 920 Kalorien

GEBRATENE MAKRELEN IN TOMATENSOSSE

2 Portionen
2 mittelgroße küchenfertige Makrelen,
5 Eßl. Sakewein,
Salz,
3 Knoblauchzehen,
1 Stück Ingwer (etwa 1 cm),
1/2 Bund Lauchzwiebeln,
Mehl zum Wenden,
5 Eßl. Öl,
1 kleine Dose geschälte Tomaten,
2 Eßl. Sojasoße,
1/2 Teel. schwarze Pfefferkörner.

燒青花魚

- Makrelen abspülen und jede in fünf Stücke schneiden. In eine Schüssel legen und mit drei Eßlöffel Sakewein und Salz vermischen. 15 Minuten stehenlassen.
- Knoblauch und Ingwer schälen und fein hacken.
- Lauchzwiebeln putzen und in feine Ringe schneiden.
- Fischstücke in Mehl wenden und in drei Eßlöffel heißem Öl etwa fünf Minuten anbraten, bis das Fischfleisch fest und weiß ist.
- Knoblauch und Ingwer im restlichen Öl anbraten.
- Lauchzwiebeln und Tomaten mit der Flüssigkeit zufügen. Mit restlichem Sakewein, Sojasoße und Pfefferkörnern würzen. Aufkochen lassen und die Fischstücke zufügen. Etwa zehn Minuten im Tomatensud ziehen lassen. Mit Salz abschmecken.

Pro Portion ca. 890 Kalorien

FISCHFILET MIT SÜSS-SAURER SOSSE

2 Portionen
300 g Fischfilet (Seelachs, Rotbarsch, Lengfisch oder Kabeljau),
Salz,
2 Eßl. Sakewein,
1 Möhre, 1 grüne Paprikaschote,
125 g Champignons,
1 Eßl. Öl;
Teig:
1 Ei, 2 Eßl. Mehl,
1 Eßl. Speisestärke;
Soße:
je 2 Eßl. Sakewein,
Zucker, Sojasoße und Essig,
3 Eßl. Tomatenketchup;
Fett zum Fritieren.

糖醋魚片

- Fischfilet in etwa 4 x 6 cm große Stücke schneiden. Mit Salz und Sakewein vermischen und 15 Minuten ziehen lassen.
- Möhre, Paprikaschote und Champignons putzen und in Scheiben schneiden.
- Für den Teig Ei, Mehl, Speisestärke und einen Eßlöffel Wasser verrühren. Zehn Minuten stehenlassen.
- Für die Soße Sakewein, Zucker, Sojasoße, Essig und Tomatenketchup verrühren und einmal kurz aufkochen lassen.
- Das vorbereitete, zerkleinerte Gemüse in einer Pfanne im Öl andünsten.
- Fisch abtropfen lassen, in den Teig tauchen und in heißem Fett schwimmend ausbacken (die Temperatur ist richtig, wenn an einem eingetauchten Holzlöffelstiel Bläschen aufsteigen; Friteuse: 170 Grad). Vorsichtig mit dem Gemüse und der Soße vermischen.

Pro Portion ca.755 Kalorien

Fritierte Wan-Tans mit Dattelfüllung (Rezept Seite 137)

甜食

SÜSSES

ERDNUSSRIEGEL

12 Portionen
150 g Schweineschmalz,
200 g brauner Zucker,
3 Eßl. Honig,
200 g ungesalzene Erdnüsse,
150 g feine Haferflocken,
150 g körnige Haferflocken,
3 Eßl. blauer Mohn,
3 Eßl. ungeschälte Sesamsaat.

花 生 酥

- Schmalz, Zucker und Honig in einem Topf erwärmen. Die restlichen Zutaten zufügen und unterrühren.
- Die Masse auf ein mit Backtrennpapier ausgelegtes Backblech streichen und in den auf 180 Grad/Umluft 150 Grad/Gas Stufe 2 vorgeheizten Backofen schieben.
- Etwa 20 Minuten goldbraun backen und sofort in mundgerechte Stücke schneiden.

Pro Portion ca. 395 Kalorien

Tip: Schmeckt frisch am besten.

CHINESISCHER OBSTSALAT

6 Portionen
1 frische Mango,
1 Apfel,
2 Orangen,
1 Banane,
3 Kiwi,
1/2 frische Ananas (ersatzweise 170 g Ananas aus der Dose),
1 Dose Lychee-Früchte (Einwaage 550 g),
3 Eßl. Pflaumenwein,
50 g Mandelstifte.

水 果 沙 拉

- Frische Früchte schälen und das Fruchtfleisch in mundgerechte Stücke schneiden.
- Dosenfrüchte abtropfen lassen. Alle Früchte in einer Schüssel vermengen.
- 100 ccm Lycheesaft, eventuell drei Eßlöffel Ananassaft aus der Dose (wenn nicht vorhanden, mehr Lycheesaft nehmen) und Pflaumenwein verrühren. Über die Früchte gießen und mindestens 30 Minuten im Kühlschrank durchziehen lassen.
- Mandelstifte in einer Pfanne ohne Fett hellbraun rösten.
- Den Obstsalat damit bestreuen.

Pro Portion ca. 295 Kalorien

FRITIERTE WAN-TANS MIT DATTELFÜLLUNG

10 Portionen
250 g TK-Wan-Tan-Teig (gibt's in Chinaläden; ersatzweise selbstgemachter Teig; siehe Seite 22),
400 g entsteinte Datteln,
200 g geschälte Mandeln,
4 Eßl. Orangensaft,
1 Päckchen Orangeat (100 g);
Fett zum Fritieren,
Puderzucker zum Bestäuben.

Foto Seite 134/135

棗泥餛飩

- Teigblätter nebeneinander auftauen lassen.
- Für die Füllung Datteln und Mandeln getrennt im Blitzhacker oder im Mixer fein hacken. Mit dem Orangensaft und Orangeat gut vermengen und etwa 30 Minuten stehenlassen.
- Je etwa einen Eßlöffel Füllung auf den Teig geben. Die Ränder mit Wasser bestreichen und den Teig wie zu Bonbons aufrollen.
- In heißem Fett (die Temperatur ist richtig, wenn sich an einem eingetauchten Holzlöffelstiel kleine Bläschen bilden) schwimmend goldgelb backen. Auf Küchenkrepp abtropfen lassen und mit Puderzucker bestäuben.

Pro Portion ca. 430 Kalorien

Wan-Tan-Teig wird mit der Füllung belegt, an den Rändern zum Kleben mit Wasser bestrichen und wie zu kleinen Knallbonbons zusammengedreht.

Apfelspalten in Ingwerteig

APFELSPALTEN IN INGWERTEIG

6 Portionen
1 Stück Ingwer (etwa 2 cm),
2 Eier,
4 Eßl. Mehl,
1 Messerspitze Backpulver,
2 große Äpfel,
Fett zum Fritieren,
4 Eßl. Honig,
3 Eßl. Sakewein,
2 Eßl. geschälte Sesamsaat.

炸蘋果派

- Ingwer schälen und durch eine Knoblauchpresse drükken oder sehr fein hacken.
- Mit Eiern, Mehl und Backpulver verrühren.
- Äpfel schälen, in Spalten schneiden und das Kerngehäuse entfernen.
- Apfelspalten in den Teig tauchen und im heißen Fett (die Temperatur ist richtig, wenn sich an einem eingetauchten Holzlöffelstiel kleine Bläschen bilden) schwimmend goldgelb backen.
- Honig und Sakewein verrühren und über die Äpfel träufeln. Mit Sesamsaat bestreuen.

Pro Portion ca. 300 Kalorien

HONIGBANANEN

4 Portionen
100 g Mehl,
2 Eßl. Speisestärke,
1/4 Teel. Backpulver,
1 Ei,
1 Teel. Sesamöl,
4 feste Bananen,
Fett zum Fritieren,
2 Eßl. Sesamsaat,
5 Eßl. Honig,
1 Zitrone.

拔絲香蕉

- Mehl, Speisestärke, Backpulver, Ei und 100 ccm kaltes Wasser zu einem glatten Teig verrühren. Das Sesamöl unterrühren.
- Bananen schälen und halbieren.
- Fritierfett erhitzen (die Temperatur ist richtig, wenn sich an einem eingetauchten Holzöffelstiel kleine Bläschen bilden).
- Bananen in den Teig tauchen und im heißen Fett schwimmend goldbraun ausbacken.
- Sesamsaat nebenbei in einer Pfanne ohne Fett anrösten.
- Honig und Zitronensaft verrühren, erhitzen und über die Bananen träufeln. Mit Sesamsaat bestreuen und warm servieren.

Pro Portion ca. 580 Kalorien

Kokoseis mit Früchten

KOKOSEIS MIT FRÜCHTEN

8 Portionen
1 Dose Kokoscreme (Einwaage 400 g),
2 Becher Schlagsahne à 200 g,
5 frische Eigelb,
120 g Zucker,
1 Prise Salz,
50 g Kokosraspel,
evtl. 4 Eßl. Kokoslikör,
frische Früchte zum Anrichten (z.B. Wassermelone, Ananas, Papaya, Mango und Lychees).

果椰子冰

- Kokoscreme und Sahne in einem Topf zum Kochen bringen.
- Eigelb, Zucker und Salz im heißen Wasserbad hellschaumig schlagen. Nach und nach die heiße Kokossahne unterrühren. So lange weiterrühren, bis eine Creme entstanden ist.
- Die Creme im kalten Wasserbad abkühlen lassen, dabei ab und zu umrühren.
- Kokosraspel und eventuell Likör unterrühren.
- Die Creme in zwei Portionen in einer Eismaschine gefrieren lassen. Oder in eine flache Schüssel füllen und für mindestens fünf Stunden in das Gefrierfach stellen. Zwischendurch ab und zu umrühren.
- Mit einem Eisportionierer oder mit einem Löffel Eiskugeln formen und zu frischen Früchten anrichten. Besonders hübsch sieht es aus, wenn Sie den Obstsalat in einer ausgehöhlten und verzierten Wassermelone anrichten (siehe Foto).

Ohne Früchte pro Portion ca. 420 Kalorien

Tip: Wer keine Zeit hat, Kokoseis selbst herzustellen, greift auf fertiges Eis aus der Tiefkühltruhe zurück. Zu den exotischen Früchten paßt nämlich auch sehr gut Vanilleeis, Mandarineneis oder Zitronensorbet.

REGISTER

Brigitte-*Themen als* Brigitte-*Bücher*